Lampertus Otto Brandt

Ferdinand Lassalles sozialökonomische Anschauungen und praktische Vorschläge

Lampertus Otto Brandt
Ferdinand Lassalles sozialökonomische Anschauungen und praktische Vorschläge
ISBN/EAN: 9783744609593

Hergestellt in Europa, USA, Kanada, Australien, Japan

Cover: Foto ©Suzi / pixelio.de

Weitere Bücher finden Sie auf **www.hansebooks.com**

Ferdinand Lassalles

sozialökonomische Anschauungen
und
praktische Vorschläge.

Inaugural-Dissertation,

der

Hohen Philosophischen Fakultät

der Gesamtuniversität zu Jena

vorgelegt

zur Erlangung der

Philosophischen Doktorwürde

von

Lampertus Otto Brandt.

Jena.
Verlag von Gustav Fischer.
1895.

Genehmigt von der philosophischen Fakultät der Universität Jena auf Antrag des Herrn Professor Dr. Pierstorff.

Jena, den 23. Februar 1895.

Professor Dr. Hirzel
d. z. Dekan.

Vorbemerkung.

Über den Entwickelungsgang der Lassalleschen Anschauungen teilt Bernhard Becker in seiner „Geschichte der Arbeiteragitation Ferdinand Lassalles" folgende Analyse mit: Die Lassallesche Agitation zerfällt in fünf Perioden:

1. Die Periode der preufsischen Eroberungsmission, bezeichnet durch die Broschüre „über den italienischen Krieg und die Aufgabe Preufsens." In dieser Periode tritt der preufsische Cäsarismus unverhüllt hervor.

2. Die Periode der demokratischen Opposition, eingeleitet durch die beiden Schriften „über Verfassungswesen" und „Was nun?", endlich beendet vom Schriftchen über „Macht und Recht". In dieser Periode rückt Lassalle hart an das Gebiet des Sozialismus heran.

3. Die sozialistische Periode, vom „Arbeiterprogramm" inauguriert, vom „Offenen Antwortschreiben" ins praktische Agitations- und Vereinsleben eingeführt und von der „Frankfurter Rede" abgeschlossen.

4. Die Periode des Zweifels über die Wahl dieses oder jenes Weges, oder die Periode der Umkehr zum preufsischen Cäsarismus, veranschaulicht durch die rheinische Rede über „die Feste, die Presse und den Frankfurter Abgeordnetentag".

5. Die Periode des nunmehr vom Sozialismus überzuckerten und verdeckten Cäsarismus, ausgedrückt in der Verteidigungsrede vom 12. März 1864, in der Ronsdorfer Rede (22. Mai 1864), in der Einsendung an die Kreuzzeitung vom Juni

1864 und endlich in der beabsichtigten, aber durch Lassalles Tod verhinderten Hamburger Resolution, in welcher ausgesprochen werden sollte, dafs die preufsische Krone Schleswig-Holstein annektieren sollte. Becker will mit dieser Aufstellung sagen, dafs Lassalle eine rückläufige Entwickelungsbahn durchmessen hat, und man kann ihm nicht unrecht geben. Der oben skizzierte Gang ist zugleich ein Charakteristikum für seine Persönlichkeit, mit der ich mich jedoch nicht zu beschäftigen habe, so wenig man sie auch bei seiner Beurteilung aufser acht lassen darf. Die Zeitfolge seiner Schriften und Reden läfst schon erkennen, dafs Lassalle innerlich ganz unfertig war, als er es unternahm, die Deutsche Arbeiterschaft zu organisieren, und diese Unfertigkeit zu überwinden, erlaubte ihm, nachdem er die Agitation einmal begonnen hatte, die auf ihm ruhende Last der Tagesgeschäfte nicht, sonst würde er seine theoretischen Ansichten über die Volkswirtschaft wohl kaum in der Form des Bastiat-Schulze veröffentlicht haben, sonst würde sein Plan der Produktivassoziationen kaum so skizzenhaft geblieben sein. Etwas ähnliches finden wir bei Louis Blanc, der auch in die politische Bewegung hineingerissen wurde, als er eben seine Gedanken systematisch ausbauen wollte. Nun war er zunächst gezwungen, sie den Erfordernissen des Augenblicks gemäfs in Bruchstücken zu veröffentlichen und nur seine rein theoretische Thätigkeit in der Kommission des Luxemburg erlaubte ihm später, seinen Plan der Produktivassoziationen durchzuarbeiten. Die Ansicht Beckers nun über Lassalle hat aber nur eine bedingte Richtigkeit. Man mufs gerade hier zwei Dinge streng auseinander halten: Die Agitation Lassalles und seine theoretischen Ansichten. In jener hat er geschwankt, weil er sich im politischen Kampfe — und das scheint mir ganz natürlich — der Lage anpassen mufste, um mit den Mitteln, die diese bot, etwas oder alles zu erreichen; seine theoretische Überzeugung, die er vor der Öffentlichkeit, ebenfalls aus Nützlichkeitsgründen, nie unverhohlen in ihrem ganzen Umfange zu erkennen gegeben hat, ist immer die gleiche geblieben. Es mufs das scharf betont werden, da hierin ein Grund für seine „vom Sozialismus überzuckerte" Regierungsfreundlichkeit liegt, auf die ich gelegentlich noch zurückkomme. Hier möge nur angemerkt sein, dafs Lassalle eben kein Ideologe war, der an einem Dogma des „letzten Zieles" gehangen hat, sondern er handelte als Realpolitiker, das geht doch deutlich aus dem ebenso kurzen, wie klaren und praktischen Programme des Allgemeinen Deutschen Arbeitervereins hervor. Seine

Hinneigung zu den herrschenden Kreisen, seine, ihm vorgeworfene, reaktionäre Haltung ist psychologisch leicht erklärlich, trifft aber m. E. nur für seine Agitation zu, hat nur taktische Gründe gehabt. Schon für die beiden ersten, von Becker aufgeführten Perioden läfst sich das unschwer nachweisen. Die Broschüre über den „italienischen Krieg und die Aufgabe Preufsens" erschien 1859, zwei Jahre später sein „System der erworbenen Rechte." Die radikal kommunistischen Grundgedanken dieses Werkes, das das Ergebnis langjährigen Studiums ist, mufsten also schon 1859 bei Lassalle vollkommen ausgereift gewesen sein. Nur in der Agitation verwendete er sie noch spärlich.

Man hat es im Hinblicke auf die schwankende, agitatorische Haltung Lassalles bestritten, dafs er als Grundlage seines Wirkens ein System aufgestellt habe. Und doch ist dem so, wenn auch von diesem Systeme fast kein einziger Gedanke ihm gehört, sondern aus anderen Schriftstellern zum Teil unmittelbar, zum Teil mittelbar entnommen ist. Mit Recht wird Lassalle ein Vorwurf daraus gemacht, dafs er die Quellen die er benutzte, verschwieg, während er Schulze in überaus heftiger Weise des Plagiates zieh; und es heifst, übergrofse Nachsicht üben, wenn man das Feststellen der Quellen, aus denen Lassalle schöpfte, „kleinliche Pendanterie" nennt, wie dies Bernstein thut.

Das System, auf dem Lassalle fufste, auf Grund seiner Schriften und Reden darzustellen und zu betrachten, ist die erste Aufgabe der folgenden Arbeit: Das System, in dem Sinne des Versuches einer historischen und logischen Begründung des von Lassalle vorgeschlagenen, sozialen Heilmittels. Die grofse Lückenhaftigkeit der Entwickelung mufs man freilich nicht vergessen, die eben auf Rechnung der ausgedehnten, agitatorischen Thätigkeit der letzten Lebensjahre, in die das Entstehen seiner Reden und Schriften fällt, zu setzen ist. Aus demselben Grunde finden wir nirgends eine behaglich breite und eingehende Darstellung und Verfolgung der Gedanken bis in ihre letzten Konsequenzen, sie werden vielmehr immer mit schlagender Kürze vorgetragen, deren Wirkung Lassalle an der Chartistenbewegung in England mit Erfolg studiert hatte. Dennoch aber laufen alle Gedanken in bestimmter Richtung einem bestimmten Ziele zu, so dafs man wohl von einem Systeme sprechen kann.

Sodann kam es mir darauf an, zur Darstellung zu bringen, welche Anregungen Lassalle gegeben hat, sei es auch nur dadurch, dafs eine scharfe Kritik seine Sätze zergliederte, da die Wissenschaft doch gerad der kritischen Thätigkeit grofse Fortschritte verdankt.

Nachdem die Arbeit schon abgeschlossen war, erschien eine Schrift von Dr. Georg Mayer: „Lassalle als Sozialökonom", die Lassalle in ähnlicher Weise behandelt, wie ich es gethan habe. Die Veröffentlichung dieser Arbeit erfolgte trotzdem, da die Mayersche Schrift den Gegenstand bei weitem nicht erschöpft und nur das bekannteste Material verwertet. —

I.

Die Epochen und Krisen der gesellschaftlichen und wirtschaftlichen Entwickelung.

In seiner Rede an den Berliner Bezirksverein wirft Lassalle die Frage auf nach dem Wesen und dem Begriffe der Verfassung und beantwortet sie mit lakonischer Kürze dahin: „Die Verfassung eines Landes sind die thatsächlichen Machtverhältnisse." An der Hand dieser Erklärung zeigt er, wie sich Verfassungen ändern oder vielmehr, wann Änderungen eintreten müssen, indem er ausführt, dafs eine Verfassung nur dann gut und nur so lange von Dauer sein könne, als sie und so lange sie den im Lande herrschenden, realen Machtverhältnissen entspräche. Wo dies nicht mehr der Fall ist, entsteht ein Konflikt, während dessen einmal ganz sicher die geschriebene Verfassung gemäfs den neuartigen, realen Machtverhältnissen geändert wird.[1)]

Dafs dies Gesetz in Wahrheit in der Geschichte wirksam war und ist, sucht Lassalle nachzuweisen, und das letzte Ziel seiner Geschichtsauffassung ist, wie er in dem Titel einer Rede angedeutet hat, „Die Darstellung des besonderen Zusammenhanges der gegenwärtigen Geschichtsperiode mit der Idee des Arbeiterstandes."

Lassalle führt demgemäfs aus: In dem ganzen ökonomischen und wirtschaftlichen Zustand des Mittelalters, in dem der Hauptreich-

---

[1)] „Die herrschenden Ideen einer Zeit waren stets nur die Ideen der herrschenden Klasse." — „Euere Ideen selbst sind Erzeugnisse der bürgerlichen Produktions- und Eigentumsverhältnisse, wie Euer Recht nur der zum Gesetz erhobene Wille Eurer Klasse ist, ein Wille, dessen Inhalt gegeben ist in den materiellen Lebensbedingungen Eurer Klasse." (Kommunistisches Manifest.)

tum der Gesellschaft in dem ruhenden Besitze, dem Grund und Boden, in der Ackerbauproduktion beruhte, ist das herrschende Prinzip, der herrschende Stand, der der Grundbesitzer. Das ganze Leben jener Zeit trug das Gepräge jener Macht. Man denke an die Reichsverfassung, an die Lehensverfassung, an die Steuerfreiheit des grofsen Grundbesitzes. Auf jeder anderen Beschäftigung als der mit dem Grund und Boden ruht ein gewisser Makel. Die Bauernkriege sind deshalb auch nicht revolutionär, sondern reaktionär, da sie nur eine strenge Durchführung des herrschenden Prinzips bezweckten, d. h. auf den Reichstagen sollten neben den Fürsten, der Geistlichkeit und den Grafen auch der Ritter und der Bauer, mit einem Worte aller freie, unabhängige Grundbesitz vertreten sein. — Kapitalisten kennt jene Zeit so wenig wie das Altertum, trotz alles vorhandenen Reichtums. Das Produktionseinkommen hat keine kapitalisierende Kraft.

Die „Revolution", die diesen Zustand beseitigte, war der Fortschritt der Industrie, die sich entwickelnde Arbeitsteilung und deren Ergebnis: Der Kapitalreichtum in den Händen der Bourgeoisie. Einen Punkt gibt es allerdings schon im Mittelalter, wo das Kapital als solches sich zu entwickeln beginnt, den Welthandel, den keine Beschränkungen (wie die der Zünfte) zu stören im Stande waren. — Die mittelalterliche Produktionsweise, dargestellt in der Zunftverfassung, die untrennbar mit allen gesellschaftlichen Einrichtungen verbunden war, mufste fallen,[1] „da jene Baumwollspinnmaschine, die 1775 Arkwright in England erfunden hatte, in ihren Kämmen und Rädern bereits die ganze, auf die freie Konkurrenz gebaute Gesellschaft im Keime mit sich trug." Die Teilung der Arbeit, in der alle Fortschritte gipfeln, schreitet mehr und mehr fort, die handwerksmäfsige, mittelalterliche Produktion für den Lokalmarkt mufs der Massenproduktion für den Weltmarkt weichen.

Der Tauschwert ist zum realen Dasein der Dinge geworden, wogegen der Gebrauchswert zurücktritt. Durch die französische Revolution wurden alle Fesseln gesprengt, alle rechtlichen Beschränkungen verschwinden, die freie Konkurrenz ist erobert, und der entfesselte Riese Kapital steht jetzt erst da in seiner entwickelten, lebendigen Wirklichkeit.

Rechtlich also hatten zwar der Adel und die Geistlichkeit noch die herrschende Stellung inne vor der Revolution von 1789,

---

[1] Siehe Marx, Elend der Philosophie, Seite 116/117.

diese war nur die **äufsere Anerkennung**, dafs die realen Machtverhältnisse in die Hände des „dritten Standes" übergegangen waren, des neuen, privilegierten Standes ¹) im Volke (da der Bourgeoisie das bewegliche Eigentum gehörte), wenn auch nicht des letzten in seiner Entwickelung. Die Bourgeoisie schied von Anfang an scharf zwischen dem „citoyen actif" und dem „citoyen passif". ²) Nur der aktive Bürger hatte das Wahlrecht, dessen Gewährung von der Steuerzahlung in einer gewissen Höhe abhängig war. So wurde die direkte Steuer dort, als verkappter Zensus, und so wird in Preufsen das oktroyierte Dreiklassenwahlsystem zum Machtmittel des herrschenden Standes. Nicht weniger auch die indirekte Steuer, ein Institut, durch das die Bourgeoisie das Privilegium der Steuerfreiheit für das grofse Kapital verwirklicht und die Kosten des Staatshaushaltes den ärmeren Klassen der Gesellschaft aufbürdet.

Sah man unter der Herrschaft des Grundbesitzes mit einer gewissen Verachtung auf die Arbeiter, so unter der des beweglichen Besitzes der Bourgeoisie auf alle Nichtbesitzenden.

In dem primitiven Zustande der Gesellschaft, dem der individuellen, isolierten Arbeit, war das Arbeitsinstrument nur in der Hand des Arbeiters selbst, also nur die Arbeit produktiv.

Durch die Teilung der Arbeit, durch die Gestaltung der Produktion zu einem System von Tauschwerten, durch die freie Konkurrenz, die diese Produktion der Tauschwerte bei individuellen Produktionsvorschüssen (der Unternehmer) herbeiführen mufs, kommt es notwendig dazu, dafs das Arbeitsinstrument in seiner Trennung vom Arbeiter selbständig geworden ist, alle Produktivität der Arbeit an sich gerissen hat und die Arbeit auf den Ersatz dessen, was während der Arbeit notwendig an Leibeskraft verzehrt worden ist, beschränkt. ³) War früher nur die Arbeit, so ist jetzt nur das vom Arbeiter getrennte Arbeitsinstrument produktiv, es hat sich zum lebendigen Zeugungsorgan entwickelt, — das ist das Kapital. ⁴) Das Kapital

---

¹) Unter Bourgeoisie versteht Lassalle das Bürgertum, das die Thatsache des Kapitalbesitzes zur rechtlichen Bedingung seiner politischen Herrschaft macht.

²) Siehe Lorenz Stein, Geschichte der sozialen Bewegung in Frankreich, Band I, Abteilung II Seite 88 ff.

³) „Der Durchschnittspreis der Lohnarbeit ist das Minimum des Arbeitslohnes, d. h. die Summe der Lebensmittel, die notwendig sind, um den Arbeiter als Arbeiter am Leben zum erhalten. Was also der Lohnarbeiter durch seine Thätigkeit sich aneignet, reicht blofs dazu hin, sein naktes Leben weiter zu erzeugen." (Kommunistisches Manifest.)

⁴) „In der bürgerlichen Gesellschaft ist das Kapital selbständig und per-

bildet sich allerdings aus der Aufhäufung von Produkten einer vorausgegangenen Arbeit, aber der Arbeit derer, die nie selbst zu Kapital gelangen, d. h. der Arbeiter und nicht der Kapitalisten, die das Kapital bekommen.

Der scharf festzuhaltende Charakter der Naturalwirtschaft ist der, daſs jeder für seinen eigenen Bedarf produzierte und den Überschuſs abgab, die spezifische Bestimmtheit der Arbeit in der modernen Gesellschaft ist, daſs jeder nur produziert, was er durchaus nicht braucht, d. h. daſs jeder Tauschwerte produziert, wie früher Gebrauchswerte. Der Tauschwert und der Marktpreis sind die Wurzeln unseres Gesellschaftszustandes, in dem jeder sein nennt, was nicht Resultat seiner Arbeit ist. Eigentum ist Fremdtum geworden![1])

Es herrscht unter dem bloſsen Scheine der individuellen Erzeugung eine sich unausgesetzt durch den Zufall bestimmende Verteilung des Eigentums durch die objektiven Bewegungen der Gesellschaft, eine Verteilung des Eigentums von Gesellschaftswegen. Gerade heute herrscht ein anarchischer Sozialismus — das bürgerliche Eigentum.

Unterdes haben sich aber die realen Machtverhältnisse wieder geändert, die natürlich auch andere rechtliche Verhältnisse erheischen. Am 24. Februar 1848 brachte die Pariser Revolution einen Arbeiter in die provisorische Regierung. Diese sprach als Zweck des Staates Verbesserung des Loses der arbeitenden Klassen aus und proklamierte das allgemeine, direkte Wahlrecht für alle Bürger vom 21. Lebensjahre an. Der „vierte Stand" will sein Prinzip zur Anerkennung bringen und alle Einrichtungen mit ihm durchdringen. Dieser letzte, äuſserste, enterbte Stand der Menschheit will aber keine ausschlieſsenden Bedingungen seiner Herrschaft weder rechtlicher noch thatsächlicher Art: Arbeiter sind wir alle! Die Herrschaft dieses Standes ist infolgedessen die Herrschaft aller.[2])

---

sönlich, während das thätige Individuum unselbständig und unpersönlich ist." (Kommunistisches Manifest.)

[1]) Louis Blanc entnommen, der schreibt: „Wenn Herr Thiers de jure erklärt, „Der Ursprung des Eigentums ist die Arbeit", so antwortet ihm die jetzige Gesellschaft de facto: „Die Quelle des Eigentums des einen ist die Arbeit des anderen." (Kleinwächter.)

[2]) „Wenn das Proletariat im Kampfe gegen die Bourgeoisie sich notwendig zur Klasse vereint, durch eine Revolution sich zur herrschenden Klasse macht, und als herrschende Klasse gewaltsam die alten Produktionsverhältnisse aufhebt, so hebt es mit diesen Produktionsverhältnissen die Existenzbedingungen des

Die Entwickelung der Völker geht auf eine steigende Abschaffung der Privilegien, die den höheren Ständen diese ihre Stellung als höhere und herrschende Stände garantieren. Der Wunsch nach ihrer Fortsetzung und Erhaltung oder das persönliche Interesse bringt daher jedes Mitglied der herrschenden Stände von vornherein in eine prinzipiell feindliche Stellung zu der Entwickelung des Volkes, zu dem Umsichgreifen der Bildung und der Wissenschaft, zu den Fortschritten der Kultur, zu allen Atemzügen des geschichtlichen Lebens und seinen Siegen.

Dieser Gegensatz der persönlichen Interessen der höheren Stände und der Kulturentwickelung der Nation ist es, der die hohe und notwendige Unsittlichkeit der höheren Stände hervorbringt, ein Gegensatz, der bei den unteren Klassen fehlt, da hier wohl Selbstsucht als ein Fehler des Individuums, nicht aber als ein notwendiger Fehler der Klasse vorhanden ist. — Insofern die unteren Klassen eine Besserung ihrer Lage erstreben als Klasse, fällt dieses persönliche Interesse seiner Richtung nach durchaus zusammen mit der Entwickelung des Volkes, mit dem Siege der Idee, mit den Fortschritten der Kultur, mit dem Lebensprinzipe der Geschichte selbst, die nichts anderes ist als die Entwickelung zur Freiheit. Deshalb muſs die Herrschaft des vierten Standes über den Staat eine nie geahnte Blüte der Sittlichkeit, der Kultur und Wissenschaft herbeiführen, um so mehr als seine Auffassung von dem sittlichen Zweck des Staates eine viel höhere ist, als die der Bourgeoisie, die den Zweck des Staates gemäſs dem Grundsatze von der notwendigen, ungehinderten Selbstbethätigung der Kräfte jedes einzelnen darin sieht, daſs er die persönliche Freiheit des einzelnen und sein Eigentum schützen müsse, eine Staatsidee, die „den Staat eigentlich ganz auflöst und ihn in die bloſse bürgerliche Gesellschaft verwandelt mit egoistischen Interessen!"[1])

Ganz anders die Auffassung des vierten Standes. Die Geschichte ist ein Kampf mit der Natur, mit der Unfreiheit aller Art, in der wir uns befanden, als das Menschengeschlecht im Anfang der Geschichte auftrat. Die fortschreitende Besiegung dieser Machtlosigkeit, das ist die Entwickelung der Freiheit, welche die Ge-

---

Klassengegensatzes, die Klassen überhaupt und damit seine eigene Herrschaft als Klasse auf." (Kommunistisches Manifest.)

Siehe ferner Marx: „18. Brumaire", Seite 181.

[1]) Zitat Lassalles aus einer Universitätsfestrede von A. Boeckh am 22. März 1862.

schichte darstellt. — In diesem Kampfe würden wir niemals einen Fortschritt gemacht haben, wenn wir ihn als einzelne, jeder für sich geführt hätten, vielmehr hat der Staat die Funktion, diese einzelnen Kräfte zusammenzufassen. Er ist die Einheit der Individuen in einem sittlichen Ganzen, die die Kräfte aller einzelnen millionenfach vermehrt. Der Zweck des Staats ist also, durch diese Vereinigung die einzelnen in den Stand zu setzen, solche Zwecke, die sie als einzelne niemals erreichen könnten, zu erlangen; das menschliche Wesen zur Entfaltung und fortschreitenden Entwickelung zu bringen. **Der Zweck des Staates ist die Erziehung und Entwickelung des Menschengeschlechtes zur Freiheit.**

Dies ist in gedrängter Form die Geschichtsdarstellung Lassalles, meist mit seinen eigenen Worten gegeben. Der Wandel der sich vollzogen hat, ist folgender: Die gesamte alte Welt und ebenso das ganze Mittelalter bis zur französischen Revolution (1789) suchte die menschliche Solidarität oder Gemeinsamkeit in der Gebundenheit oder Unterwerfung. Die französische Revolution suchte die Freiheit in der Auflösung aller Gemeinsamkeit, behielt aber allerdings nur die Willkür in der Hand; die neue, die jetzige Zeit sucht die Solidarität in der Freiheit. —

* * *

Alle wesentlichen geschichtsphilosophischen Systeme laufen in drei Hauptrichtungen. Dem ersten ist die Geschichte das Werk einer zielbewufst handelnden Gottheit, dem zweiten das des menschlichen Geistes, der das Vernünftige will, dem dritten das unabänderlicher, natürlicher Gesetze. Alle diese drei Richtungen folgen aufeinander und finden sich zu Zeiten neben einander. Die Geschichtsauffassung von Lassalle gehört nicht ganz zu der letzten Gruppe, sie ist nicht, wie man bei seiner sonstigen grofsen Abhängigkeit von diesem Autor vermuten könnte, rein die von Karl Marx, eine Geschichtsbetrachtung, die man nicht ganz treffend gemeinhin die **materialistische** zu nennen pflegt. Diese realistische Geschichtsschreibung, auf der alle neueren sozialistischen Systeme ruhen, stellt den Satz auf, dafs „die Wirtschaftsformen überall das Bestimmende, soziale Schichtungen (Staat u. s. w.) dagegen nur ihre Wirkungen sind; dafs die Ideen der Menschen ihren materiellen Bedürfnissen entspringen, dafs sie sich ändern müssen mit der Änderung der Bedürfnisse, die an sich wiederum aus der Änderung der ökonomischen, der Produktionsverhältnisse hervorgeht." Die Geschichte der Menschheit ist demnach nicht hervorgerufen durch das Walten einer Gottheit, auch nicht beeinflußt von den Ideen der Menschen, einzelner Gruppen oder Individuen, sondern sie gilt unmittelbar als Erzeugnis der ökonomischen, gesetzmäßigen Entwickelung.

In diesem Sinne äußert sich Marx und von neueren Kautsky u. a. Die eingangs angeführten Vergleichstellen aus dem kommunistischen Manifeste bezeugen schon die Abhängigkeit Lassalles von dieser Geschichtsauffassung. In der That hat er seine Ansicht an verschiedenen Stellen ganz in diesem Sinne formuliert, von denen ich nur zwei anführe, deren eine Marx unmittelbar entnommen ist.

„Im allgemeinen ist der Mensch eben ein Produkt seiner Lage, und wer ganze Klassen von Menschen ändern will, muß zuvor die Bedingungen ihrer Lage ändern, die sie eben zu dem machen, was sie sind," schreibt er in seiner Erwiderung auf eine Besprechung des Bastiat-Schulze in der Kreuzzeitung. Und im Bastiat-Schulze selbst: „Die einzelne Handlung selbst, auf dem juristischen Gebiete das Produkt der Willensfreiheit, empfängt erst auf dem ökonomischen Gebiete ihre Bestimmtheit durch alle gesellschaftlichen Zusammenhänge. Diese machen sie zu dem, was sie ist, quetschen und prägen sie um, machen sie zu ihrem Produkt und geben ihr ihren Charakter." [1]

Trotz dieser augenscheinlichen Übereinstimmung lehnt die heutige Sozialdemokratie die Geschichtslehre Lassalles zum Teil ab, da sie in der That wesentlich von der realistischen abweicht. Und das ist ganz erklärlich. Man bemerke, wie bei Lassalle — es wird dies aus dem Nachfolgenden noch deutlicher — die Idee des Staates als eine unveränderlich bestehende angenommen wird, neben der anderen feststehenden der Gesellschaft. Die Annahme dieser Gedanken mußte Lassalle von Marx u. a. trennen. Und wenn auch äußerlich betrachtet seine Phasen der geschichtlichen Entwickelung mit Marx übereinstimmen, so ist der prinzipielle Gegensatz doch vorhanden. Dies wird sofort klar, wenn man neben Lassalle die kurze Entwicke-

---

[1] „Auf die Frage, was dies (das moderne, bürgerliche Eigentum) sei, konnte nur geantwortet werden durch eine kritische Analyse der „politischen Ökonomie", die das Ganze jener Eigentumsverhältnisse nicht in ihrem juristischem Ausdruck als Willensverhältnisse, sondern in ihrer realen Gestalt, d. h. als Produktionsverhältnisse umfaßte." (Marx, Elend der Philosophie, XVIII.)

lung der Geschichte liest, die Marx gegen Proudhon in seiner Schrift: „Das Elend der Philosophie" aufstellt.

In den Anschauungen, die Lassalle vorträgt, lassen sich deutlich verschiedene Einflüsse erkennen. Zunächst hat er die Darlegungen Lorenz Steins benutzt, die dieser in seinem dreibändigen Werke „Geschichte der sozialen Bewegung in Frankreich" an den Anfang gesetzt hatte. Ich gebe die Gedanken, die zugleich ein Typus Hegelscher Manier sind, kurz wieder:

Stein geht davon aus, dafs die Entwickelung der Völker nichts ist, als ein steter Kampf der beiden Prinzipien: Staat und Gesellschaft. „Staat und Gesellschaft sind die beiden Lebenselemente der menschlichen Gemeinschaft, deren Inhalt ein beständiger Kampf der beiden Elemente ist." Das Prinzip des Staates ist gemäfs seiner Bestimmung, die höchste Entfaltung seines eigenen Lebens zu erreichen, die höchste Entwickelung aller einzelnen anzustreben. Der Organismus der Teilnahme aller einzelnen an dem ganzen inneren Organismus des Staates, namentlich an der Bildung und Bestimmung des persönlichen Staatswillens ist die Verfassung des Staates, während wir die Thätigkeit des Staates zur Durchsetzung dieses Zieles die Verwaltung nennen.

Das Prinzip der Gesellschaft ist das Interesse, das den Mittelpunkt der Lebensthätigkeit jedes einzelnen in Bezug auf jeden Anderen abgibt. Dies Interesse gibt das belebende Prinzip, während die, durch die Verteilung des Besitzes hervorgerufene Abhängigkeit die konkrete Gestalt der Gesellschaft erzeugt. — Wenn das Prinzip des Staates die Erhebung aller einzelnen zur vollsten Freiheit, zur vollsten persönlichen Entwickelung ist, wenn anderseits das Prinzip der Gesellschaft die Unterwerfung des einzelnen unter die anderen einzelnen, die Vollendung des einzelnen durch die Abhängigkeit der anderen ist, so steht das Prinzip des Staates zu dem der Gesellschaft in unmittelbarem Widerspruche. Das allgemeine und unabänderliche Verhältnis in der Gesellschaft, das Vorhandensein einer herrschenden und einer abhängigen Klasse zwingt den Staat zu dem Versuche, die abhängige Klasse aufzuheben, indem er die Gleichheit des öffentlichen Rechtes als Grundsatz aufstellt und die Hebung der niederen Klassen als Verwaltungsziel. Die herrschende Klasse widerstrebt dem, indem sie sich der Staatsgewalt bemächtigt. An der Bildung des Staatswillens ist nun nicht mehr die reine, aufserhalb aller sozialen Unterschiede gedachte einzelne Persönlichkeit beteiligt, sondern als die Bedingung für diese Teilnahme wird diejenige

Art und das Maſs des Besitzes festgesetzt, welche in der Gesellschaft die Herrschaft der besitzenden Klasse begründen. (Vergleiche die Definition der Bourgeoisie bei Lassalle und seine Entwickelung des Widerspruchs in dieser in der französischen Revolution.) Die Verschiedenheit des Besitzes bildet den wahren Inhalt der Verschiedenheit der Verfassungen, die nur die Konsequenz oder die Erscheinung der Gesellschaftsordnung im Organismus der Staatsgewalt sind.

Diesen Widerspruch zu lösen, ist das Bestreben der abhängigen Klasse, das aber nur Erfolg hat, wenn die Bewegung der Freiheit von Personen ausgeht, die die Herrschaft über die Sphäre des materiellen und des geistigen Gutes haben. Die Anwendung äuſserer Gewalt ändert nicht die Klassen, sondern nur die Personen in ihnen. Der arbeitende Stand kommt, wenn er seine Bildung fortwährend gebraucht, um seinen Erwerb zu fördern und mit seinem Erwerbe seine Bildung wachsen sieht, zu dem Punkte, wo er in der gröſsten Zahl seiner Mitglieder durch den Erwerb der geistigen und materiellen Güter die Bedingungen verwirklicht sieht, welche ihrer Natur nach gesellschaftliche und staatliche Freiheit erzeugen. Und jetzt ist der Sache nach kein wesentlicher Unterschied mehr zwischen ihm und den herrschenden Klassen. Allein, obwohl der Sache nach aufgehoben, besteht jener Unterschied dennoch im öffentlichen, gesellschaftlichen und staatlichen Rechte fort. Das Recht der Gesellschaft und die alte Verfassung bestehen weiter, ohne daſs ihnen die alte Ordnung der Gesellschaft fernerhin wirklich entspräche. Dieser Widerspruch kann gelöst werden, entweder durch politische Reform oder durch die politische Revolution. Hat die herrschende Klasse den Ernst der Lage nicht erkannt, so daſs die Staatsgewalt durch politische Reformen keine Ausgleichung schafft, so muſs die Revolution eintreten mit dem Ziele einer Änderung der Staatsverfassung zu Gunsten der bisher abhängigen Klasse.

Die siegreiche revolutionäre Klasse macht nun aber die erworbenen Güter zur Voraussetzung der Teilnahme an der Staatsverfassung und schlieſst alle die davon aus, die sie nicht besitzen,[1] d. h. nach jeder politischen Revolution finden wir zwei Klassen, die Klasse der Besitzenden, d. h. die das erwerbende Kapital besitzt; die Klasse der Besitzlosen, d. h. die, der die kapitallose Arbeit zugehört. Dieser Zustand ist an sich ein ganz harmonischer, ändert sich aber dadurch, daſs das Interesse des Kapitals gebietet, den Arbeitslohn so niedrig

---

[1] Vergleiche Lassalle wie oben.

zu halten, dafs kein Kapitalerwerb für die Arbeiter möglich wird. Das Interesse des Kapitals tritt in Gegensatz zu der Bestimmung der Arbeit; die Folge ist, dafs das Kapital notwendig die Macht wird, die die Kapitallosigkeit der Arbeit zu einer dauernden macht. In dieser neuen Gesellschaft ist der Erwerb und die Gleichheit der geistigen, aber nicht der materiellen Güter, mithin zwar die Forderung und das Bedürfnis nach Unabhängigkeit und gesellschaftlicher Freiheit, aber nicht die Erfüllung derselben dargeboten. Damit ist abermals ein Widerspruch eingetreten, den zu lösen sich die kommunistischen und sozialistischen Theorieen zum Zwecke gesetzt haben. Ihrem innersten Wesen nach sind diese nur die in systematische Form gebrachten Forderungen der einen Klasse der Erwerbsgesellschaft, die, da sie für sich zu schwach ist, sich mit der Gewalt des Staates, der seiner Natur nach die Erhebung der niederen Klassen zu seiner Aufgabe zu machen hat, um die herrschende Klasse zu besiegen, verbindet. Die sozialistischen und kommunistischen Theorieen sind unausführbar. Das, was der Arbeiterstand bedarf, ist das Kapital, und zwar gibt es zwei Wege, es zu erlangen. Der erste, dafs der Staat als Kapitalist eingreift, d. h. dafs eine Verbindung des Staatskapitals mit der Arbeitskraft der blofs arbeitenden Klasse eintritt (Organisation der Arbeit) ist ungangbar, dagegen ist die Organisation des Kredits aussichtsvoll, d. h. der Staat bietet dem einzelnen einen zinslosen Vorschufs aus seinen Mitteln (Lassalle : Produktivassoziation). Die Forderung, die dies verwirklicht, ist aber keine andere, als die an die Herrschenden, ihre Herrschaftsbedingungen und damit die Herrschaft selbst an die bisher beherrschten abzugeben. Dieser natürliche Widerspruch verlangt eine Staatsverfassung in den Händen der Nichtbesitzenden. Es entsteht so die soziale Demokratie mit den beiden Forderungen: Allgemeines Stimmrecht für die Verfassung und Aufhebung der gesellschaftlichen Abhängigkeit in der Verwaltung. Das bemerkenswerte hierbei ist, dafs die Elemente der Bevölkerung, die durch das äufserliche Moment der reinen Arbeit bisher nur verbunden waren, durch die Gemeinschaft der Auffassung ihrer Lage und ihrer Forderungen die Gemeinschaft des Willens erlangen, der der Anordnung der Gesellschaft in bestimmter Absicht entgegentritt. Diese Elemente werden damit zur geschlossenen Klasse, zum Proletariat. (Lassalle: vierter Stand.)

Stein schliefst seine allgemeine Darlegung mit der Prophezeihung, dafs das Stimmrecht die Widersprüche nicht lösen könne, daher die

Revolution eintrete, die aber ein Sieg der Unfreiheit sei, da sie nur die Herrschaft einer Klasse an die Stelle der anderen setze.

Es kommt für unseren Zweck nicht darauf an, die Steinsche Geschichtsauffassung kritisch zu behandeln, noch weniger natürlich seine Darstellung der französischen Revolution und des Sozialismus zu untersuchen. Es leuchtet sofort ein, dafs Lassalle sein Geschichtsbild den Grundgedanken nach von Stein entlehnt hat. Während dieser aber entwickelt, begnügt sich jener meist, zu behaupten; während sich Stein bemüht, die Gedanken als Glieder einer streng dialektisch formulierten Reihe von Schlüssen darzustellen und beweiskräftig zu machen, nimmt Lassalle nur die Ergebnisse jener Untersuchungen an genau in der Reihenfolge, die sie dort haben mufsten, aber ohne sich zugleich den Folgerungen aus ihnen zu unterwerfen.

Freilich tritt dies nicht ganz rein hervor, da Lassalle aufserdem die Geschichte der Produktion und des Kapitals benutzte, wie sie Marx darstellte. Bernstein bezeichnet geradezu die Rede: „Über den besonderen Zusammenhang der Idee des Arbeiterstandes mit der gegenwärtigen Geschichtsperiode," als eine der Zeit und den Umständen angepafste Umschreibung des kommunistischen Manifestes. Ferner hat er nicht nur den Plan seiner Produktivassoziationen, sondern auch, wie Kleinwächter nachgewiesen hat,[1]) eine ganze Menge geschichtlicher und kritischer Gedanken Louis Blanc entnommen. Auch sein Verkehr mit Rodbertus mag nicht ohne Einflufs gewesen sein, wenn auch damals, als er ihn aufnahm, seine Anschauungen schon festgestanden zu haben scheinen. Rodbertus selbst schreibt hierüber: „Unsere rechts- und geschichtsphilosophische Auffassung stimmte namentlich darüber überein, dafs wir die Reihe der in der Geschichte aufeinanderfolgenden Staatenordnungen und Arten nicht mit der auf Grund- und Kapitaleigentum beruhenden Staatenordnung oder derjenigen Staatenart dieser Ordnung, die man den konstitutionellen oder Repräsentativstaat nennt, für abgeschlossen hielten. Wir waren vielmehr beide davon überzeugt, dafs vor einer idealeren und schärferen Rechtsphilosophie, als heute die Tagesmeinungen beherrscht, dem Grund- und Kapitaleigentum erhebliche Mängel anklebten; dafs es ein gereinigteres Eigentum gäbe, bei welchem die einem jeden zufallende Eigentumsportion in gerechterem Verhältnis zu dem persönlichen Verdienste des Individuums

---

[1]) Fr. Kleinwächter, Lassalle und Louis Blanc, Zeitschrift für die gesamte Staatswissenschaft, 1882, I.

um die Herrschaft stehe; — —"¹) Schliefslich eignet er sich die Fichtesche Beweisführung an, um den Begriff und die Notwendigkeit des nationalen Prinzips festzustellen, wie wir nachher sehen werden. Auch finden sich hier und dort Anklänge an Fichtes ökonomische Anschauungen. Dafs Fichte und Hegel, dafs die Philosophie einen so grofsen Einflufs auf Lassalle hatten, dafs die abstrakte und die praktische Gedankenarbeit sich bei ihm ‚vereinigten, gibt zu der Bemerkung Anlafs, dafs die Philosophie einen wohl zu würdigenden Einflufs auf die Nationalökonomie gehabt hat; man könnte sagen, dafs diese aus jener herausgeboren ist. Der schottische Philosoph Hume schrieb ökonomische Abhandlungen; die, die am frühesten die zusammenhanglosen, rein aufs praktische gerichtete Studien über ökonomische Gegenstände mit wissenschaftlichem Geiste erfüllten, waren Petty und Locke; man denke ferner an den von Hume stark beeinflufsten Adam Smith und an die physiokratische Schule, die vom Naturrechte ausging; man erinnere sich, dafs Fichte selbst neben seinen nationalen und philosophischen Schriften den „geschlossenen Handelsstaat" geschrieben hatte, und man wird die Bemerkung Dührings gerechtfertigt finden, dafs die Vorbereitung und Herstellung einer wissenschaftlichen Form der Volkswirtschaftslehre, dafs die Schöpfung des ganzen Wissenschaftszweiges, abgesehen von dem speziellen Material, eine That der erleuchteteren Philosophie gewesen sei.

Es ist eine leicht begreifliche Eigenart vor allem der sozialistischen Theoretiker, mittelst einer Darstellung der Wirtschaftsgeschichte auf den Punkt der modernen Verhältnisse zu gelangen, von dem aus der betreffende Schriftsteller unsere Produktions-, Güterverteilungs- oder Eigentumsverhältnisse anzugreifen beabsichtigt. Derartige Darstellungen mit einer Einteilung in meist 3 Epochen finden wir auch bei Marx und Rodbertus; die von Lassalle scheint mir aber aufserdem noch der Entwickelung bei Proudhon einige Anregung zu verdanken, der wiederum von den Fourieristen beeinflufst ist. Ich führe nur einige Stellen in der, Proudhon eigentümlichen, deklamatorischen Art derSprache an:²)

„Wenn Ihr auf der Höhe der Entwickelung steht und auf die Ereignisse blickt, die sich jeden Tag vollziehen, ist es euch nicht klar, dafs wir alle gar nicht mehr vom Eigentum leben? Wir leben von

---

¹) Siehe Briefe an Rodbertus, S. 3.
²) Siehe Karl Diehl, P. J. Proudhon. (Sammlung nationalök. u. stat. Abhandlungen des staatsw. Seminars zu Halle. 5. Band 2. Heft und 6. Band 3. Heft. Jena 1888 u. 1890.) Zweite Abteilung, S. 47 ff., 197 ff.

einer viel gröfseren Thatsache als vom Eigentum, wir leben von der Zirkulation. Sprecht mir vom römischen Eigentum. Dort lebte der Familienvater und ernährte die Seinigen von dem alten ererbten Feld. Seine ganze Konsumtion bezog er von der landwirtschaftlichen Arbeit. Der Eigentümer war sich selbst Produktion, Zirkulation und Absatzmarkt. Er lebte in sich, durch sich und für sich. — Sprecht mir vom **feudalen Eigentum, welches bis 1789 gedauert hat. Damals als das Prinzip der Arbeitsteilung kaum vorhanden war,** war das Eigentum alles. Die Familie war eine kleine geschlossene Welt ohne äufsere Kommunikation. Man verbrachte das ganze Jahr fast ohne Geld, man bezog nichts aus der Stadt, man bedurfte keines Menschen, das Eigentum war eine Wahrheit.

Was ist nun aber heutzutage das Eigentum? Was ist es geworden? Ein oft ganz nominelles Recht, was seinen Wert nicht mehr, wie ehedem, von **der persönlichen Arbeit** des Eigentümers, sondern **von der allgemeinen Zirkulation** erhält. — Ihr stofst die soziale Reform zurück, und die Thatsache, welche vor euren Augen liegt, die euch zerschmettert, beweist, dafs ihr nicht vom Eigentum lebt, sondern von eueren **Beziehungen zur Gesellschaft.** (Lassalle: Verteilung des Eigentums von Gesellschaftswegen.) Das Eigentum, das man gerne zur Basis der neuen Institutionen machen möchte, das Eigentum ist nichts durch sich selbst; es ist nur noch ein **Privileg** auf Zirkulation, gleich dem Zolle, der auf einem Flusse eingeführt ist: ein Recht des Feudalismus, zu dessen Abschaffung unsere grofse und glorreiche Revolutionsperiode (1848!) durchaus verpflichtet ist. (Dritte Epoche von Proudhon und Lassalle.) In der heutigen Gesellschaft gibt es zwei Kategorieen von Individuen. Die eine fafst alle **Eigentümer,** Kapitalisten und Unternehmer in sich; die andere die **eigentlichen Arbeiter.** Durch die Konkurrenz dieser beiden Klassen geschieht die Produktion, Zirkulation und Konsumtion der Reichtümer. Alle zusammen bilden einen eng geschlossenen Organismus. Wir wissen, dafs das Leben dieses Organismus fortwährend an Störungen und Verstopfungen leidet, und dafs diese Unordnung von dem **Mangel an Gleichgewicht** herkommt." (Lassalle: anarchische Produktion.) —

Dafs die Lassallesche Geschichtsauffassung im ganzen eine sehr rohe war, ist schon oft angemerkt worden, und es verdient bei dieser Gelegenheit eine Arbeit eingehendere Erwähnung, die im Zusammenhange mit Lassalle selten genannt wird, trotzdem sie eingreifen sollte in den Streit zwischen ihm und Schulze-Delitzsch. Es ist dies die

Artikelreihe Gustav Schmollers im Jahrgang 1864 der „preufsischen Jahrbücher" unter dem Titel „Die Arbeiterfrage". Es handelt sich für uns zunächst nur um die Stellung, die Schmoller zu der Geschichtsdarstellung Lassalles einnimmt.[1]) Von welchem Standpunkte jener dabei ausgeht, erkennt man aus folgenden Sätzen, mit denen er zugleich das Ziel seines wissenschaftlichen Strebens überhaupt ausspricht: „Das ökonomische Leben hängt zuerst allerdings stets von natürlichen äufseren Bedingungen und Thatsachen ab; aber bei gleicher Entwickelung dieser, welche sich jedenfalls mehr auf die Produktion als auf die Verteilung beziehen, ist die verschiedenste sittliche Gestaltung denkbar, und doch nur, wenn diese ethische Entwickelung die richtige Bahn einschlägt, ist auch für das äufsere Güterleben der immer weiter gehende Fortschritt möglich. So werden die inneren Ursachen so wichtig wie die äufseren auch in der Nationalökonomie, ja sie werden mit der fortschreitenden Geschichte zur Hauptsache, je mehr der Mensch die Natur und nicht mehr die Natur den Menschen beherrscht. Es ist der Geist(?), welcher den Körper baut(?). Jede Reform, die nicht innerlich umgestaltet, ist umsonst."

Schmoller wendet sich gegen die rohe und falsche Auffassung, als ob es nur die Extreme in der menschlichen Gesellschaft gäbe, von denen Lassalle ausgeht; er wendet sich gegen die Darstellung, als ob mit dem Sinken der Feudalperiode und dem Eintritte der modernen Produktion sofort alle Rechte der alten gesellschaftlichen und Produktionsordnung verschwunden wären, oder doch übersehen werden dürften; er wendet sich schliefslich dagegen, dafs man nicht scharf scheidet zwischen den Übeln, die der Übergang in eine neue Kultur- und Wirtschaftsform schafft und denjenigen, welche dieser bleibend anhängen. Es ist kein Zweifel, dafs es das geschichtliche Bild verzerrt, wenn Lassalle in dem begreiflichen Bestreben, die Dringlichkeit der Lösung der Arbeiterfrage stark zu betonen, in der letzten seiner geschichtlichen Perioden plötzlich nur zwei Klassen der Gesellschaft kennt: Unternehmer und Arbeiter, Kapitalisten und solche, die verdammt sind, Lohnarbeit zu jener Gunsten zu verrichten, und wenn er behauptet, dafs die $96^1/_4$, bez. $72^3/_4\%$ der Bevölkerung Preufsens, die ein geringfügiges Einkommen hatten, der Lohnarbeiterklasse gleichzusetzen seien. Diese Einseitigkeiten sind eine Folge davon, dafs Lassalle sein Augenmerk auf die Verteilung

---

[1]) Zu einer Auseinandersetzung zwischen beiden kam es nicht, da der Aufsatz zwar schon vor dem Tode Lassalles geschrieben war, aber erst nachher gedruckt wurde.

des Produktionsertrages, nicht aber auf den Vorgang der Produktion selbst richtet. Gewifs schaffen das wirtschaftliche und gesellschaftliche Leben grofse Interessengruppen, die man als Klassen zusammenfassen mufs, wenn man geschichtliche Bewegungen scharf zum Ausdruck bringen will. Aber man darf nicht vergessen, dafs diese Gruppen keineswegs unvermittelt und schroff gesondert einander gegenüberstehen, sondern durch unendlich viele feine Beziehungen und Abstufungen des Besitzes und der Bildung miteinander verknüpft sind. „Man spricht einfach", sagt Schmoller, „von zwei Menschenklassen, den grofsen Fabriksherren und den im äufsersten Elend schmachtenden Arbeitern. Auch hier zeigt die Wirklichkeit statt zweier Schablonen eine unendlich abgestufte Stufenleiter von Existenzen, unendlich viele Mittelglieder. Man denke an die grofse Zahl Verwalter, Buchhalter, Kommis, Zeichner, Modelleure, Künstler, Maschinisten, Techniker, Chemiker, Aufseher, die die heutige Grofsindustrie beschäftigt, man denke an die grofse Zahl fest angestellter Beamter, die die grofsen Eisenbahnen, Posten, Telegraphen erfordern. Alle diese weit über die Lage der gewöhnlichen sogenannten Arbeiter erhabenen Existenzen erscheinen in den Fabriktabellen als Arbeiter." Dafs das geltende Recht ein Ausdruck der bestehenden wirtschaftlichen und gesellschaftlichen Verhältnisse ist, dafs jede Teilung der Arbeit eine faktische Gliederung erzeugt, und dafs diese faktische Gliederung stets in gewissem Mafse zu einer rechtlichen wird, gibt auch Schmoller zu. „Das Recht ist zu jeder Zeit ein anderes; es wird bedingt gerade durch die verschiedene volkswirtschaftliche Entwickelung und den Einflufs der sittlichen Ideen der Zeit auf das ökonomische Leben." Ebenso ist es richtig, dafs jetzt der Besitz regiert und Gesetze giebt, und dem Sozialismus ist das Verdienst einzuräumen, dafs er darauf aufmerksam gemacht hat, wie stark das Recht auf den Konkurrenzkampf zwischen Arbeit und Kapital einwirkt. Ja, im Grunde vertritt Schmoller sogar die Auffassung Lassalles, dafs die Bewegung des vierten Standes, seine rechtliche Anerkennung zu erringen und damit die Klassenunterschiede aufzuheben, eine gerechte, und notwendige sei, wenn er schreibt: „Der Anfang aller Kultur setzt immer nur einen kleinen Teil der Gesellschaft in Stand, ein höheres, menschliches Dasein zu führen. Was aber im Anfang notwendige Voraussetzung war, um die Kultur überhaupt möglich zu machen, wird später zum Unrecht, da jetzt Reichtum und Bildung im allgemeinen so gestiegen sind, dafs auch die unteren Klassen daran teilnehmen könnten. Auch in neuerer Zeit waren es zuerst nur wenige, die Teil an Besitz, Bildung und politischen Rechten hatten; steigender Reichtum, steigende Kultur geben die Möglichkeit der Teilnahme immer mehrerer; die gesunde Entwickelung beruht darauf, diese Bewegung, die unaufhaltsam immer mehr Glieder zur Teilnahme an allen Gütern der Humanität beruft, nicht durch beschränkten Egoismus zu hemmen, nicht an die Stelle schöner Wechselwirkung einen unversöhnlichen, vergiftenden Klassenhafs zu setzen und hauptsächlich durch Erziehung und sittliche Hebung der unteren Klassen diese stets von innen heraus zu heben."

Aber, wie man schon aus vorstehender Bemerkung erkennt, sind Lassalle und Schmoller verschiedener Ansicht über die Wege der modernen Entwickelung zu jenem Ziele. Lassalle will durch den vierten Stand die herrschenden Klassen überwinden, die er für notwendig unsittlich hält, Schmoller dagegen glaubt, dafs alles menschliche Handeln nur ein gegenseitig bedingtes, ein Kompromifs zwischen den verschiedenen Aufgaben und Zwecken der Menschen sei, dafs das Ethische zur Geltung kommen müsse. Er steht auf dem Standpunkte, dafs das menschliche und gesellschaftliche Leben ein stetes Spiel und Oszillieren zwischen den beiden Polen ist, um die es sich dreht, zwischem dem Individualismus und der Gemeinschaft, dafs unsere Zeit nach dem ersten Pol gravitiert, und es sich darum handelt, die „egoistische Atomistik" der Gesellschaft zu beseitigen, den Gemeinschaftsbegriff mit dem Individualismus zu versöhnen. Diese Versöhnung und Ausgleichung kommt nach ihm aus der Sache selbst, denn sobald das Kulturleben von einem Zwecke zu sehr beherrscht wird, entstehen gesellschaftliche Krankheiten, aber damit auch die sozialen Gegentendenzen, welche auf eine Änderung der betreffenden Verhältnisse, Sitten, Anschauungen, möglicherweise, wenn es nötig ist, auch des geltenden Rechtes hinwirken.

Vergegenwärtigen wir uns nochmals den, der Lassalleschen Geschichtsauffassung zu Grunde liegenden Gedanken, so finden wir, dafs er sich bemüht, den Satz zu erweisen: Die Organisation der Produktion und der Stand der Technik üben den entscheidenden Einflufs aus auf die gesellschaftliche Gliederung und die politische Machtverteilung. Der Satz ist richtig, insofern ein Zusammenhang zwischen wirtschaftlichen Thatsachen und politischer Gestaltung allerdings besteht; er ist falsch, wenn man behauptet, dafs jene notwendig eine bestimmte Form dieser zur Folge haben müfsten. Dasselbe technisch-wirtschaftliche Moment wird in zwei verschiedenen

Kulturstufen, bei zwei verschiedenen Völkern und gesellschaftlichen Ordnungen verschiedene Wirkungen ergeben.¹) Die Lassallesche Geschichtsauffassung ist aber auch in Einzelheiten anfechtbar. Es erweckt schon schiefe Vorstellungen, dafs die Geschichtsperioden auf einen einzigen Staat zugeschnitten sind, während sie allgemeine Geltung haben sollen. Zudem ist schon die französische Revolution von 1789 keine rein soziale gewesen. Fourier hat infolge dieser Auffassung seine **ökonomischen** Grundrechte gegen die angeborenen Menschenrechte aufgestellt, weil er der Ansicht war, dafs mit der politischen Bedeutung, die diese in der Revolutionszeit angenommen hatten, wenig für das Volk gewonnen sei.²) Sodann ist es falsch, wenn Lassalle im Interesse einer scharfen Wirkung seiner Schilderung die Bourgeoisie mit ihrem Siege auch ihren Widerspruch entwickeln läfst, indem sie den Unterschied zwischen dem citoyen actif und passif aufstellt. Dieser bestand schon lange vorher. Während des ganzen Mittelalters gab es drei scharf geschiedene Klassen in Frankreich: Adel und Geistlichkeit, das Bürgertum und die gemeinen Leute. In allen Gesetzesurkunden, schon in den Verfügungen Philipps des Schönen ist diese Trennung zu finden, und sie wird stets scharf beobachtet, die Trennung der letzten beiden nämlich in: bourgeois und manants. Das Recht, ein Bürger zu sein und die damit verbundenen Privilegien zu geniefsen, war ebenso seit alter Zeit mit einer Geldleistung zu erkaufen. Lassalle thut also in den betreffenden Ausführungen im „Arbeiterprogramm", wo er von dem Census als dem Mittel, die Nichtbesitzenden von dem Wahlrecht auszuschliefsen, als einer Einrichtung der Revolution spricht, der Geschichte im Interesse der Schablone Gewalt an.

Gewifs ist das Beispiel Frankreichs sehr lehrreich, aber wenn Lassalle aus dem Umstande, dafs die Februarrevolution in **Frankreich** einen Arbeiter in die provisorische Regierung brachte, folgert, dafs damit die ersten Schritte zur rechtlichen Anerkennung des vierten Standes geschehen seien, so ist das **allgemein** nicht richtig. In Deutschland wenigstens waren die Stürme des Jahres 1848 eine Bewegung nationalistischer Art mit der Hand in Hand eine Handwerkerbewegung ging, aber von einer eigentlichen Arbeiterbewegung aus Klassenbewufstsein kann keine Rede sein. Diese Lage der Sache

---

¹) v. Philippovich, Grundrifs der politischen Ökonomie, Bd. I. § 26, 4.
²) Fourier, Traité de l'Association domestique-agricole.

zeichnet Bernstein auch ganz richtig in seiner Einleitung zu den Lassalleschen Reden und Schriften, wenn er schreibt: „Die Februarrevolution in Frankreich und die Märzrevolution in Deutschland fanden das erstere in seinen Centren geradezu sozialistisch unterwühlt, das letztere mit einer relativ grofsen Anzahl sozialistischer und sozialistisch infizierter Arbeiter durchsetzt." Man sieht, Bernstein drückt sich vorsichtig aus und fügt auf der folgenden Seite (8) noch hinzu: „Die grofse Masse der Arbeiter steckte nicht nur noch tief in kleinbürgerlichen, sondern teilweise sogar in direkt zunftbürgerlichen Anschauungen." Auf das Wort „zunftbürgerlich" ist der Nachdruck zu legen. In der That ist die Einberufung eines allgemeinen Arbeiterkongresses, auf dem das „offene Antwortschreiben" vorgelegt wurde, das erste Anzeichen des Klassenbewufstseins der deutschen Industriearbeiter gewesen, und dafs Lassalle sich gegen Schulze-Delitzsch wendete und seine Genossenschaftsreformen, ist die — bewufst oder unbewufst erfolgte — That gewesen, die die deutsche Arbeiterbewegung von der Handwerkerbewegung loslöste. Die moderne Industrieentwickelung hat zwei Folgen gehabt: Sie zerstörte oder bedrohte wenigstens zunächst das Handwerk und den Kleinbetrieb; sie erzog eine solidarische Arbeiterklasse. Auf das Handwerk drückte die neue Gestaltung der Dinge zuerst, daher auch von da zuerst der Widerstand erfolgte, dessen typischer Ausdruck die „Arbeiterbildungsvereine" waren, die nicht anderes als Handwerkervereine darstellten. Die fortgeschrittene Technik ist es, die den Kleinbetrieb schlägt, und diesen Fortschritt sich anzueignen, versuchte man in den Bildungsvereinen (Gewerbevereinen) seit den zwanziger Jahren, ein Bestreben, das Bernstein für England als ein „widerliches Bildungspharisäertum" bezeichnet. In den vierziger Jahren nahmen diese Gewerbevereine, Gesellenvereine u. s. w. stark zu und wurden die Pflanzstätten demokratischen Geistes. Der Charakter der Bewegung ist deutlich erkennbar aus den zahlreichen Petitionen, Denkschriften, Programmen jener Zeit. Immer finden sich darin zwei Dinge: die politischen Forderungen der Demokratie und die verschiedenen Forderungen der Handwerksreform: Feststellung des Minimallohnes, der Arbeitszeit, Regelung des Lehrlingswesens, genossenschaftliche Einrichtungen u. s. w. Nach dem Jahre 1848, in dem die Handwerkervereine wenig hervortraten, vernichtete die Reaktion auch diese; die Bewegung tritt zurück, aber sie erlöscht doch nicht. Das zeigen das Auftreten und der Erfolg Schulze-Delitzschs mit dem Genossenschaftswesen, das Lassalle sehr richtig als für die Handwerker geeignet erkannte. Der Zeitpunkt, wo Schulze-Delitzsch als „König des sozialen Reiches" proklamiert wurde, war der einzige und zugleich der letzte, wo die Bewegung Erfolg haben konnte, er bezeichnet den letzten Versuch des Handwerks, dem Untergange zu entgehen. Das Auftreten Lassalles offenbart die Thatsache, dafs jetzt die Lohnarbeiterklasse selbstbewufst in den Kampf tritt, dafs eine Bewegung selbständig wird, die zwar hier und da in der Handwerkerbewegung leise zu spüren, deren Beginn nicht scharf äufserlich von jener zu trennen ist, wohl aber innerlich: 1848 ist der Höhepunkt der Handwerkerbewegung, 1863 bezeichnet den Durchbruch der Klassenbewegung der Lohnarbeiter.

Nebenbei sei hier angemerkt, dafs es oft mifslich ist, wenn Lassalle das kurze Schlagwort statt der ruhigen Entwickelung anwendet. Es kann dies leicht zu Mifsverständnis Anlafs geben, so z. B. wenn Lassalle die handwerksmäfsige Lokalproduktion der Massenproduktion für den Weltmarkt mit dem Bemerken kurzer Hand gegenüberstellt, dafs diese eine Folge der fortschreitenden Arbeitsteilung sei. Es kann der Anschein entstehen, als sei diese aus jener hervorgegangen, während sie doch gerade über den Kopf des Handwerks hinweg erfolgte und dieses beiseite schob. Lassalle ist sich wohl der Umwälzung in der Produktion durch die Maschine bewufst, aber das tritt bei ihm doch nicht scharf zu Tage. Es fehlt die Trennung der Manufaktur von der modernen Maschinenindustrie, die wir bei anderen Sozialisten scharf hervorgehoben finden. So schreibt Karl Marx im Kapital (I. Band) „Zugleich konnte die Manufaktur die gesellschaftliche Produktion weder in ihrem ganzen Umfange ergreifen, noch in ihrer Tiefe umwälzen. Sie gipfelte als ökonomisches Kunstwerk auf der breiten Grundlage des städtischen Handwerks und der ländlich häuslichen Industrie. Ihre eigene, enge, technische Basis trat auf einem gewissen Entwickelungsgrad mit den von ihr selbst geschaffenen Produktionsbedürfnissen in Widerspruch." Auch Bernstein ist der Ansicht, dafs die Maschine die einzelnen Faktoren des Produktionsprozesses vollständig verschoben hat. In der Manufaktur spielte die Persönlichkeit des Arbeiters, seine individuelle Geschicklichkeit noch eine entscheidende Rolle; Arbeiter, vereinzelt, oder in Gruppen, führen jeden Teilprozefs in der Produktion mit ihrem Handwerkszeug aus. In der Maschinenproduktion fällt dies vom Menschen ausgehende Prinzip der Teilung der Arbeit weg; der Arbeitsprozefs, und mit ihm der subjektive Faktor in demselben, der Arbeiter, wird dem objektiven Faktor, der Maschine angepafst. Während der Arbeiter sich bisher des Arbeitswerkzeuges bediente, ist er es jetzt, der das Arbeitszeug bedient. — So wenig klar er hier also gesehen hat, so wenig beobachtet Lassalle den Unterschied zwischen gesellschaftlicher und technischer Arbeitsteilung, obwohl er wichtig genug ist. Was die von ihm erwähnte Revolution hervorgerufen hat, war die Fortbildung der technischen Arbeitsteilung. Die gesellschaftliche Arbeitsteilung ist uralt, und nicht einmal die technische Arbeitsteilung tritt erst zu der Zeit auf, als sie die Maschinentechnik hervorrief, vielmehr ist schon die Zuteilung der Gutsunterthanen in der frühesten Feudalzeit zu bestimmten Arbeitsgruppen ein Akt der technischen Arbeitsteilung, aus dem die Gewerbe hervorgingen, wodurch wiederum eine gesellschaftliche Arbeitsteilung erzielt wurde. Beide Arten der Arbeitsteilung stehen also wohl in unlösbaren Wechsel- und Folgebeziehungen müssen aber trotzdem auseinander gehalten werden. — Charakteristisch für die Behandlung der Geschichte durch Lassalle im Interesse der agitatorischen Wirkung sind seine Angaben über die Steuerpflicht bez. die Steuerfreiheit. Die Steuerfreiheit soll als Privilegium der herrschenden Klassen sowohl in der Feudalzeit, als auch in der Periode des bürgerlichen Eigentums hervorgehoben werden. Die Darstellung ist aber unklar und fehlerhaft. Im Mittelalter war der Grundbesitz gewissermafsen eine staatliche Institution; es bestand ein Kollektivbesitz am Boden, indem der Staat selbst als der Besitzer, der Grundbesitzer aber als jeweiliger Occupant erscheint mit gewissen Rechten und Pflichten. Steuerfreiheit bedeutete damals etwas ganz anderes, als heute; Lassalle hebt nur die Rechte des Grundbesitzes, nicht aber auch die mit diesen übernommenen Pflichten hervor, wie die der Heeresfolge, der Gestellung einer bestimmten Anzahl Gewaffneter im Kriegsfalle. Mit solchen Verbindlichkeiten ist die Befreiung von sonstigen Abgaben schon gerechtfertigt. Damit hängen allerdings zusammen — und diese Dinge hätten in den Rahmen der Lassalleschen Gedanken gepafst — die eigenartigen Abhängigkeitsverhältnisse jener Zeit. So verliert z. B. der freie Bauer, den die Kleinheit seines Gutes der Möglichkeit beraubt, gleich dem Grofsgrundherren Heeresdienste zu leisten, das Waffenrecht, mufs sich einen Schutzherrn suchen und als Entgelt für den gewährten Schutz eine Abgabe zahlen, ebenso wie beispielsweise die Juden zuerst als „kaiserliche und königliche Kammerknechte," dann als Schützlinge der Fürsten und Städte Steuern an ihre Schutzherren entrichten mufsten. „Nur das Mafs von Leistung und Gegenleistung ist es", sagt Adolf Wagner gelegentlich,

„welches meistens beim Vergleich die Wagschale mit den Leistungen des Herrn zu leicht, und so grofsenteils das „im Kapitalbesitz erübrigte Arbeitseinkommen der Unfreien" als von den Herren und ihren heutigen Rechtsnachfolgern ökonomisch nicht verdient erscheinen läfst."
Seiner Kritik der direkten und indirekten Steuern ist eine besondere Rede gewidmet, deren statistische Beweise so oft besprochen und widerlegt sind, dafs ich schon aus diesem Grunde darauf nicht weiter einzugehen brauche. Aufserdem scheint mir gerade in diesen Auslassungen so stark das agitatorische Moment vorzuherrschen, dafs sie dem Rahmen einer wissenschaftlichen Arbeit überhaupt entfallen. Jedenfalls hat Lassalle theoretisch Unrecht mit der Überwälzung der indirekten Steuer. Aufserdem ist es gar nicht die Bourgeoisie gewesen, die die Einrichtung der indirekten Steuern in Frankreich verschuldet hat; das feudale Frankreich hatte sie in viel gröfserem Umfange als das bürgerliche. Dafs die Bourgeoisie das Dreiklassenwahlsystem in Preufsen zur Durchsetzung ihrer Klassenherrschaft erstrebt habe, hat Lassalle in seiner Verteidigungsrede „Die Wissenschaft und die Arbeiter" selbst zurückgenommen und die preufsische Regierung dafür verantwortlich gemacht. —

Was diese Gliederung der Bevölkerung anlangt, so sei aufserdem hier noch erwähnt, dafs Marx und Engels gegen die Bezeichnung „vierter Stand" Einspruch erhoben haben. Gerade in jener Apotheose der Arbeiterklasse, wo Lassalle die Aufhebung aller Klassengegensätze verheifst, hat er Marx nicht scharf aufgefafst, als er die betreffenden Stellen aus dem „18. Brumaire" und dem „kommunistischen Manifeste" wörtlich benutzte. Dort steht nichts von einem „vierten Stande", denn Marx und Engels bemerken ausdrücklich, dafs in der Revolution von 1789 die Bourgeoisie die Stände samt allen Vorrechten abgeschafft habe, dafs seitdem die bürgerliche Gesellschaft nur noch „Klassen" kenne. Dies ist auch richtig. Das mafsgebende Moment der Gliederung der heutigen Gesellschaft ist wirtschaftlicher Natur; die Gliederung erfolgt nach Besitzgruppen, während die Abgrenzungen nach Berufsgruppen, nach Ständen, sich mehr und mehr verwischen.

Es erscheint mir merkwürdig, dafs sich Lassalle eine Betrachtung der Stellung der Städte im Mittelalter zu dem Grundbesitz und der Stellung der Zünfte in den Städten hat entgehen lassen. Dafs die Städte dem Grundbesitz zum Teil koordiniert waren, ist der springende Punkt, von dem aus erst die bürgerliche Entwickelung verständlich wird. Die italienischen Städterepubliken und die Hansastädte, die unter dem Einflusse des Welthandels die moderne Geld- und Kreditwirtschaft ausbildeten, wurden mit jenen Ereignissen, denen auch Lassalle eine entscheidende Bedeutung für den Durchbruch der modernen Verhältnisse zuschreibt: mit der Entdeckung Amerikas und des Seeweges nach Ostindien, mit der Erfindung des Schiefspulvers, das die Heere demokratisierte, indem es das Fufsvolk zur ersten Waffengattung machte, die Kulturcentren, von denen aus das Leben der Neuzeit sich aus den alten gebundenen Formen des Mittelalters entwickelte. Und je mehr diese Entwickelung fortschritt und ihre Vorteile verallgemeinert wurden, desto mehr verlieren diese Centralpunkte wieder an Bedeutung. — Lassalle hätte dann auch wohl die Notwendigkeit empfunden, darzulegen, wie sich aus der fast ohnmächtigen Staatsgewalt der Feudalzeit die spätere grofse Staatsmacht herausbildete. Der Vorgang, dafs sich die lokal neben einander stehenden und lebenden Volksmassen zu Nationalstaaten zusammenschliefsen, ist bedeutungsvoll genug, da damit erst die Grundlage für eine „Volks"-Wirtschaft gegeben war, deren jede sich andersartig ausbildete, als die Volkswirtschaft eines anderen Nationalganzen. Allerdings lagen nur die Keime zu einer Ausgestaltung der Volkswirtschaft in dieser Wandlung verborgen; das damalige System entspricht eher dem einer „geschlossenen Staatswirtschaft", als einem Systeme „nationaler Bedürfnisbefriedigung" wofür es kaum gelten kann, weil es mehr dynastischen Privatbedürfnissen dient. Das erste einheitliche Prinzip, das da zum Ausdrucke kam, war die Ausgestaltung der Staatsfinanzen, wie wir dies aus dem Wirken Colberts ersehen, von dem Louis Blanc gesagt hat, dafs er den Grund zur Macht der Bourgeoisie gelegt habe. Erst nachdem der Staat eine selbständige Macht entfaltet hatte, konnte er dem Lassalleschen Ideale gerecht werden und sich auch seiner Pflichten gegen das Volk erinnern. Der Staatsgewalt des Feudalstaates war der einzelne unerheblich; erst im Interesse der Staatsfinanzen und zur Steigerung der Kriegsfähigkeit wurde selbstverständlich auch das wirtschaftliche Schicksal der Bürger und der überhaupt als ökonomisch wichtig betrachteten Gesellschaftselemente einigermafsen berücksichtigt. Ja, es konnte dieses niemals ganz aufser acht gelassen werden, insoweit Klassen vorhanden waren, die sich selbst geltend machten und mit ihrem Einflusse auch der absolutesten und persönlichsten Gewalt gegenüber keine gleichgültigen Widerstandskräfte bildeten. Die Notwendigkeit der Berücksichtigung dieser Widerstandskräfte, und die Vernachlässigung jener, die nicht die Macht und die Mittel hatten, sich selbst zur Geltung zu bringen, erzeugten eben jene sozialen Spannungen und lassen den Lassalleschen Begriff der Verfassung eines Landes erst ins Leben treten. — Für unsere Betrachtung ist es von Bedeutung, Lassalles Anschauungen vom Wesen des Staates und der Berechtigung nationaler Gliederung kennen zu lernen, da dies Punkte sind, die ihn von der heutigen Sozialdemokratie trennen. Das psychologische Moment, dafs Lassale ein Mann von ausgeprägter Herrschsucht und brennendem Ehrgeize war, das ihn in seinem eigenen Vereine eine straffe Gewalt des Präsidenten durchsetzen liefs und ihm auch jede centralisierte Staatsgewalt sympathisch machen mufste, lassen wir ganz aufser Betracht. Man hat seine Anschauungen über den Staat auch zur Erklärung seines Renegatentums, seiner Hinneigung zur preufsischen Regierung benutzt. Das ist sicher richtig, ein weiterer Grund aber scheint mir in seinem Hafs gegen den Liberalismus zu suchen zu sein. Wenn zwei Menschen einen Dritten gleich fanatisch hassen, so werden sie, mögen sie auch sonst einander noch so ferne stehen, doch in dieser Gemeinsamkeit des einen starken Gefühls einen Berührungspunkt finden. So ähnlich mag auch das Verhältnis von Lassalle und Bismarck zu der liberalen Partei auf beide gewirkt haben.

Lassalle erkennt die beiden Prinzipien Staat und Gesellschaft in ihrem Verhältnis zu einander an; er steht auf der Hegelschen Grundlage der Idee des Staates, die wir auch bei seinem Gewährsmann Lorenz v. Stein stark hervortreten sahen. Wenn man auch nicht wird sagen können, dafs die Lassallesche Definition vom Wesen des Staates neu war, so ist doch das ausdrückliche Festhalten an der Staatsaufgabe gegenüber dem Liberalismus und dem Kommunismus, ist doch die klare Feststellung, dafs die Bestimmung des Staates es sei, die grofsen Kulturfortschritte zu erleichtern und zu vermitteln, entschieden verdienstlich gewesen. Bernstein eifert im Namen der heutigen Sozialdemokratie bei jeder Gelegenheit gegen diesen „Kultus des Staatsgedankens", den Lassalle treibt, und der ja auch in grellem Widerspruche zu der marxistischen Geschichtsauffassung steht. Aber Lassalle hat alle Folgerungen aus seinem Standpunkte gezogen. Sobald er einen Zusammenhang zwischen Staat und Gesellschaft anerkennt, ist die Folge, dafs er die Notwendigkeit nationaler Gliederungen zugibt, denn der Universalstaat auf Grund der Universalgesellschaft kommt über ein abstraktes Dasein nicht hinaus. Die Idee, das Prinzip des Staates kann immer nur getragen werden von einer ganz bestimmten Gesellschaft, d. h. Lassalle mufste an dem Begriffe der Nation festhalten. Deshalb gründete er auch einen allgemeinen, deutschen Arbeiterverein. Aber nicht nur dies. Er anerkennt feinere Zusammenhänge der Nationen, die nicht nur durch die Formen des Verkehrs, im Handel etc., Beziehungen von allerlei Art knüpfen, sondern die durch Unterschiede der Lebensformen überhaupt die Völker als solche nicht sowohl von einander trennen, als vielmehr sie einander nähern. In diesem Sinne weist er dem deutschen Volke eine sehr hohe Aufgabe zu unter den Nationen. — Es scheint nicht unangemessen, gerade auf diesen Punkt näher einzugehen, da diese Meinung von der Sozialdemokratie — z. B. von Bernstein — als falsch und schablonenhaft hingestellt wird.

Für Lassalle erschöpft sich der Begriff des Staates nicht im Ausleben eines Volkes für seine eigenen Zwecke, sondern hier tritt der entscheidende Einflufs hervor, den Fichte auf ihn ausgeübt hat. In einer philosophischen Festrede hat er ausgeführt, was nach Fichte die Aufgaben des deutschen Volkes, was die Bedeutung des deutschen Volksgeistes sei. Fichte sagt: Der merkwürdige Zug im Nationalcharakter der Deutschen ist ihre Existenz ohne Staat und über den Staat hinaus, ihre rein geistige Ausbildung, d. h. die Deutschen haben ihren Nationalcharakter nicht durch die äufsere Geschichte aufgeprägt erhalten. Der Volksgeist setzte sich identisch fort über die Grenzen der einzelnen Territorieen, während das Landesfürstentum nicht sein Repräsentant sein konnte. Dafs trotz dieses Zwiespaltes: des gemeinsamen Geistes und der territorialen Zersplitterung, der Begriff des deutschen Volkes und seiner Nationalität festgehalten worden ist, dies nennt Fichte „unsere Existenz über den Staat hinaus." Das Postulat der Zukunft ist also die Realisierung des Volksgeistes in einer Wirklichkeit, in einem Territorium. „Der, als eine metaphysische Innerlichkeit bestehende Volksgeist" mufs sich sein Reich, den Boden seines Daseins erst suchen und erzeugen. Dann erst kann die letzte, grofse Aufgabe erfüllt werden, die Fichte mit den Worten charakterisiert:

„Und so wird von ihnen aus dargestellt werden ein wahrhaftes Reich des Rechtes, wie es noch nie in der Welt erschienen ist, in aller Begeisterung für Freiheit des Bürgers; für Freiheit, gegründet auf Gleichheit alles dessen, was Menschenantlitz trägt Nur von Deutschen, die seit Jahrtausenden für diesen Zweck da sind und ihm langsam ent-

gegenreifen, — ein anderes Element ist für diese Entwickelung in der Menschheit nicht da."
Dieses Zukunftsideal des deutschen Volkes ist von Lassalle mit grofser Liebe aufgenommen worden und immer wieder weist er auf das Ziel der Entwickelung hin als der Erziehung des Menschengeschlechts zur Freiheit. Bernstein bemüht sich, mit einem grofsen Citatenaufwande nachzuweisen, dafs Lassalle nicht national gesinnt gewesen sei, d. h. er dreht die Sache geschickt so, dafs er, was für ihn gleichbedeutend mit dem Begriffe national ist, nicht nationalliberaler Patriot und nicht von der nationalen Mission der Hohenzollern überzeugt gewesen sei. Das ist nun in Wirklichkeit ganz gleichgültig, weder um seine Stellung zu einer Partei, noch um die zur Monarchie handelt es sich hier. In Bezug darauf ist seine Meinung ohnehin klar, so dafs Bernstein nicht nötig gehabt hätte, ihn in Schutz zu nehmen. In seinen Briefen an Karl Rodbertus hat er deutlich ausgesprochen, dafs er ein „Grofsdeutschland moins les dynasties" wolle, dafs die Fichteschen Gedanken ihn keineswegs zum „Nationalitätsprinzipler" gemacht hätten, sondern — schreibt er allerdings etwas unklar — „ich vindiziere das Recht der Nationalität nur den grofsen **Kulturnationen**, nicht den Rassen, deren Recht vielmehr nur darin besteht, von jenen „assimiliert und entwickelt zu werden"." Lassalle war weder Monarchist noch Föderalist, sondern Unitarier, niemals aber war er international, nie huldigte er der Anschauung, dafs eine atomisierte menschliche Gesellschaft wirtschaftlich lebensfähig sei. Der springende Punkt bei der ganzen Frage ist der, dafs Lassalle im Gegensatz zu Marx u. a., die der Ansicht waren, dafs es nur **eine** produzierende Gesellschaft gäbe, deren Interessen die gleichen überall seien, die „**Einheit der Nation**" anerkennt als **Grundlage aller gesunden Volkswirtschaft**, dafs er an einer unverwischbaren Differenzierung der menschlichen Gesellschaft in verschieden geartete Nationalitäten festhält.[1]) Die Grundlage der nationalen Einheit mufste er anerkennen, denn dann erst haben seine Anschauungen über Staat, Gesellschaft und Produktion einen inneren Zusammenhang; alle Organisationen nach Art der Produktivassoziationen sind widersinnig auf internationaler Basis. Gerade aus seinem Plane der Assoziationen aber geht klar hervor, dafs er auf nationalem Standpunkte stand. Eine **deutsche** Bank

---

[1]) Über das Wesen der Volkswirtschaft und ihr Verhältnis zur Weltwirtschaft siehe A. Wagner, Grundlegung der politischen Ökonomie, 3. Aufl. I. Teil I. Halbband, 3. Buch, §§ 149—154 S. 353 fg.

soll die Kredite organisieren; dadurch, dafs die Produktion einheitlich gestaltet wird, fällt die zur Überproduktion führende Konkurrenz bis auf den Teil weg, der — aber unendlich vermindert — vom Auslande wirkt. — Schliefslich erhofft Lassalle durch die Assoziationen eine erstaunliche Vermehrung der gesamten **nationalen Produktion**. — Im Nachworte zum Bastiat-Schulze hat er seine Überzeugung nochmals klar formuliert: „Der Kampf gegen die Bourgeoisie und ihren geistigen Ausdruck ist nirgends brennender und nötiger, als in Deutschland. Zwar ist ihr Verfaulungsprozefs überall im Gange, sie hat sich in Frankreich mit heller Gewalt von einem Usurpator stürzen lassen, sie hat in England ihre Herrschaft allmählich an einen Kliquenhumbug ohne gleichen verloren, aber diese beiden Nationen stehen gestützt auf das Erbe einer grofsen Vergangenheit, Frankreich auf sein Schwert, England auf sein Gold; sie haben zuzusetzen und zu zehren. In Deutschland hat das Bürgertum die niedrigsten Züge angenommen und endlich — unsere nationale Existenz ist erst zu erobern; diese Eroberung wird mit dem Klassensiege des vierten Standes vollzogen."

Bei der Wichtigkeit, die gerade diese Frage hat, — denn es heifst nichts anderes, als alles, was Lassalle geschrieben und geredet hat, für eine einzige grofse Täuschung erklären, wenn man leugnet, dafs er auf nationaler Grundlage habe bauen wollen und gebaut habe — sei es gestattet, noch eine letzte Beweisstelle aus dem System der erworbenen Rechte anzuführen, die zeigt, dafs er in Bezug auf diesen Punkt nicht, wie manchmal sonst, im Interesse der „Taktik" wider bessere Überzeugung geredet hat.

„Hätte die Philosophie sich nicht darauf beschränkt, bei den dünnen, allgemeinen Grundlinien der Hegelschen Rechtsphilosophie, Eigentum, Familie, Vertrag u. s. w. stehen zu bleiben, wäre sie dazu übergegangen, eine Philosophie des Privatrechts in dem Sinne einer philosophischen Entwickelung der konkreten, einzelnen Rechtsinstitute desselben zu schreiben, so würde sich an dem bestimmten Inhalte dieser einzelnen positiven Rechtsinstitute sofort herausgestellt haben, dafs mit den abstrakten allgemeinen Theorien von Eigentum, Erbrecht, Vertrag, Familie u. s. w. überhaupt nichts gethan ist, **dafs der römische Eigentumsbegriff ein anderer ist, als der germanische Eigentumsbegriff, dafs der römische Familienbegriff ein anderer ist, als der germanische Familienbegriff** u. s. w., dafs die Rechtsphilosophie, als in das Reich des historischen Geistes gehörend, es nicht mit logisch-ewigen Kategorien zu thun hat, sondern dafs die Rechtsinstitute nur die Realisationen historischer Geistesbegriffe sind, nur der Ausdruck des geistigen Inhalts der verschiedenen historischen Volksgeister und Zeitperioden und daher nur als solche zu begreifen sind." [1]) Diese ganz klare Stellungnahme Lassalles zur „Internationale" ist bei dem grofsen agitatorischen Werte und der weiten Verbreitung, die seine kleinen Schriften besitzen, der deutschen Sozialdemokratie nicht gerade angenehm. Aber gegen Thatsachen läfst sich schwer kämpfen; selbst das kommunistische Manifest vermag die Kraft nationaler Gliederungen nicht abzuleugnen, wenn seine Verfasser auch das Geständnis nach Möglichkeit abzuschwächen suchen. Es heifst da, Seite 17: „obgleich nicht dem Inhalt, ist der Form nach der Kampf des Proletariats gegen die Bourgeoisie zunächst ein nationaler. Das Proletariat eines jeden Landes mufs natürlich zuerst mit seiner eigenen Bourgeoisie fertig werden." —

---

[1]) Siehe ferner auch System der erworbenen Rechte, Bd. I S. 59 Anm.

II.
Kapital und Arbeit.

Seiner Kritik unserer Produktions- und Eigentumsverhältnisse legt Lassalle das „eherne, ökonomische Gesetz" zu Grunde. Das eherne, ökonomische Gesetz, das unter der Herrschaft von Angebot und Nachfrage nach Arbeit den Arbeitslohn bestimmt, ist dieses: dafs der durchschnittliche Arbeitslohn immer auf den notwendigen Lebensunterhalt reduziert bleibt, der in einem Volke zur Fristung der Existenz und zur Fortpflanzung gewohnheitsmäfsig erforderlich ist. Er gravitiert um diesen Durchschnittspunkt.[1]) Er kann sich nicht dauernd über diesen Durchschnitt erheben, denn sonst entstände durch die leichtere, bessere Lage der Arbeiter eine Vermehrung der Arbeiterehen und der Arbeiterfortpflanzung, eine Vermehrung der Arkeiterbevölkerung und somit des Angebots an Händen, welche den Arbeitslohn wieder auf und unter seinen früheren Stand herabdrücken würden. — Der Arbeitslohn kann auch nicht dauernd tief unter diesen notwendigen Lebensunterhalt sinken, denn dann entstehen — Auswanderungen, Ehelosigkeit, Enthaltung von Kinderzeugung, endlich eine durch Elend erzeugte Verminderung der Arbeiterzahl, welche somit das Angebot von Händen noch verringert, und den Arbeitslohn daher wieder auf den früheren Stand hebt.

---

[1]) „Und was ist zur Herstellung der Ware Arbeit nötig? Genau die Arbeitszeit, die notwendig ist zur Herstellung der Gegenstände, die unerläfslich sind zum ununterbrochenen Unterhalte der Arbeit, d. h. um den Arbeiter in den Stand zu setzen, sein Leben zu fristen und seine Rasse fortzupflanzen. Der natürliche Preis der Arbeit ist nichts anderes, als das Minimum des Lohnes... Aber das Lohnminimum bleibt nichts desto weniger der Mittelpunkt, nach welchem der Marktpreis des Lohnes gravitiert." (Marx: „Elend der Philosophie" Seite 26/27.)

Ökonomisch betrachtet ist also der Arbeiter nichts als eine Ware,[1]) die durch höheren Lohn vermehrt wird, wenn sie fehlt; die man da, wo sie im Überflufs vorhanden, durch geringeren Arbeitslohn — durch das, was der englische Ökonom Malthus destructive, d. h. vorbeugende, zerstörende Hindernisse nennt — vermindert. Selbst, wenn durch irgend welche Einflüsse, z. B. technische Fortschritte, irgend eine Ware billiger wird, so ändert sich die Sachlage nicht. Was die Arbeiter durch die Billigkeit als **Konsumenten** gewinnen können, verlieren sie immer wieder auf der andern Seite als **Produzenten**, nämlich am Arbeitslohn. Die Wirkung dieses Gesetzes ist die:

Von dem Produktionsertrage, dem Arbeitsertrage wird so viel abgezogen und unter die Arbeiter verteilt, als zu ihrer Lebensfristung notwendig ist — das ist der **Arbeitslohn**. Der ganze Überflufs des Arbeitsertrags fällt — auf den **Unternehmeranteil**. Der Unternehmergewinn ist ein ungerechtfertigter, weil durch Übervorteilung hervorgebrachter, ein durch bestimmte historische Verhältnisse ermöglichter Abzug vom Arbeitsertrag; er ist also **Eigentum an fremdem Arbeitswert** und sein quantitativer Umfang besteht in der Differenz zwischen dem Verkaufspreis des Produktes und der Summe sämtlicher Arbeitslöhne, die zum Zustandekommen des Produktes beigetragen haben. Arbeit ist Thätigkeit und also Bewegung. Alle Quanta von Bewegung aber sind Zeit. Die Auflösung aller Werte in Arbeitsquanta und dieser in Arbeitszeit ist die glänzende Leistung Ricardos. Diese Arbeitszeit ist gesellschaftliche, nicht individuelle, denn der Tauschwert, den man produziert, ist nur dann Tauschwert, wenn er in Gebrauchswert für **andere** umschlägt. In dem Produkt ist also gesellschaftliche Arbeitszeit geronnen, und diese ist die Mafseinheit des Wertes.

Das Kapital nun ist nichts anderes, als der unter Teilung der Arbeit bei einer, in einem Systeme von Tauschwerten bestehenden Produktion und bei freier Konkurrenz geleistete **Vorschufs vorgethaner Arbeit**, welcher zum Lebensunterhalte des Produzenten bis zur Verwertung des Produktes an den definitiven Konsumenten erforderlich ist und zur Folge hat, dafs der Überflufs des Produktionsertrages **über** diesen Lebensunterhalt sich auf denjenigen, resp. diejenigen verteilt, welche den Vorschufs geleistet haben.

Der Mensch produziert heute so viel, als er bedarf; aber durch

---

[1]) Siehe Anmerkung S. 32 und ferner „Kommunistisches Manifest", Seite 14, „Elend der Philosophie", Seite 34,35.

die heutige Organisation der Produktion verwandeln sich seine Produktionskräfte und Produktionsleistungen nicht für ihn selbst in seine eigenen Mittel. Während die Produktion der modernen Gesellschaft schon heute eine gemeinsame ist, ist — und das ist einer der Grundwidersprüche der heutigen Gesellschaft — die Distribution keine gemeinsame, sondern eine individuelle, d. h. das Produkt geht nicht nur als Gegenstand, sondern auch seinem Werte nach in das individuelle Eigentum des Unternehmers über.

An der Produktionsform der heutigen Gesellschaft ist das zu ändern, daß die einen Menschen aus der menschlichen Gesellschaft so viel, die anderen so wenig Nutzen empfangen. Es soll nicht mehr der Anarchismus des bürgerlichen Eigentums herrschen, sondern das wahre „individuelle Eigentum" soll erst eingeführt werden. — Von dem einmal vorhandenen Eigentum wird, als in rechtlicher Übereinstimmung mit den bestehenden Zuständen — so wenig rechtlich diese selbst auch sein mögen — abgesehen, dagegen erklärt es Lassalle für das unbestreitbarste Recht, das noch ungewordene Eigentum der Zukunft durch eine andere Gestaltung der Produktion zum Arbeitseigentum zu machen.

Zu diesem Zwecke sind in der gesamten Produktion die individuellen Produktionsvorschüsse — aus denen die Überlassung des Produktionsertrages an den Unternehmer und die Abführung alles Produktionsüberschusses über den Lebensunterhalt an ihn folgt — aufzuheben und die ohnehin gemeinsame Arbeit der Gesellschaft auch mit gemeinsamen Vorschüssen derselben zu betreiben, um den Ertrag an alle, die zu ihr beigetragen, nach Maßgabe der Leistungen zu verteilen.[1]

---

[1] Fichte schreibt in seinem „geschlossenen Handelsstaate": Nach dieser Gleichheit des Rechtes aller Bürger muß die Teilung gemacht werden, so daß alle so angenehm leben können, als es möglich ist. „Jeder muß sein Seiniges haben." — „In solchem Staate sind alle Diener des Ganzen und erhalten dafür ihren gerechten Anteil an den Gütern des Ganzen. Keiner kann sich sonderlich bereichern, aber auch keiner verarmen." — Es darf an dieser Stelle vielleicht auch an die Erklärung Proudhons erinnert werden, die in seinen einleitenden Erklärungen zu den Statuten der Volksbank enthalten ist: „Ich erkläre feierlich, daß, indem ich das Eigentum, oder richtiger zu sagen, die Gesamtheit der Einrichtungen, deren Achse und Mittelpunkt das Eigentum ist, meiner Kritik unterwarf, ich nie daran gedacht habe, weder die durch ältere Gesetze anerkannten persönlichen Rechte anzugreifen, noch die Rechtmäßigkeit des erworbenen Besitzes zu bestreiten, noch eine willkürliche Verteilung der Güter ins Leben zu rufen."

Daſs Lassalle an dem privaten Grundeigentume, wenigstens in der Zeit des Überganges zu seinem Zukunftsstaate, festhalten wollte, geht aus einer Stelle hervor: „So sehr auch die Arbeiter und Kleinbürger berechtigt sind, vom Staate zu verlangen, daſs er ihnen zu einem reichlichen, gesicherten Erwerbe, damit zu der Möglichkeit geistiger Bildung und somit erst zu einem wahrhaft menschenwürdigen Dasein verhelfe, so darf und wird dennoch der Arbeiter niemals vergessen, daſs alles einmal erworbene, gesetzliche Eigentum vollständig unantastbar und rechtmäſsig ist."[1])

Wie gesagt, gilt aber diese Meinung nur für die Zeit des Überganges. Er schreibt an Rodbertus: „Daſs Grund- und Kapitaleigentum abzulösen ist — das ist eben, seit ich ökonomisch denke, der innerste Kern meiner Ansicht." In dieser einmal notwendigen Umwandlung des Privat- zum Gesellschaftseigentum liegt für ihn nichts Illegales, gemäſs seinen Anschauungen über die Grundfragen der wirtschaftlichen Rechtsordnung, die er in seinem „Systeme der erworbenen Rechte" studiert hat, wo er die rückwirkende Kraft der Gesetze behandelt und die Zulässigkeit der Enteignung begründet mit den Sätzen:

„Das Individuum kann durch seine Handlungen, durch einseitigen oder zweiseitigen Vertrag, sich oder anderen Personen Rechte zusichern, wenn und insoweit die bestehenden Gesetze es erlauben." —
„Das Individuum kann sich und anderen nur insoweit und auf so lange Rechte sichern, insoweit und solange die jederzeit bestehenden Gesetze diesen Rechtsinhalt als einen erlaubten ansehen."

Nehmen wir mit Lassalle die Richtigkeit dieser Sätze an, so ergibt sich daraus: Sobald ein Gesetz dann rückwirkende Kraft haben kann, wenn es das Individuum nur dadurch trifft, daſs es die Gesellschaft in ihren organischen Institutionen ändert, so kann an die Stelle von gesellschaftlichen Einrichtungen, die im Laufe der Zeit inhaltlich überholt sind, ohne weiteres eine andere Form, ein anderes Gesetz gesetzt werden, die diesem neuen Inhalte genügen. Kraft dieses Satzes hat man die Leibeigenschaft, Hörigkeit, Jagdrechte, Grundsteuerfreiheit u. s. w. aufgehoben. Eine Entschädigung gibt es nicht, denn es ist dem Einzelnen nichts genommen worden, was, wie bei der Expropriation, noch ferner als ein rechtmäſsiges Eigentum anerkannt würde.

„In sozialer Beziehung steht die Welt vor der Frage, ob heute,

---

[1]) Siehe Anmerkung Seite 34 über Proudhon.

wo es kein Eigentum an der unmittelbaren Benutzbarkeit eines anderen Menschen mehr gibt, ein solches auf seine mittelbare Ausbeutung bestehen solle; ob die freie Bethätigung und Entwickelung der eigenen Arbeitskraft ausschliefsliches Eigentum (Privateigentum) des Besitzers von Arbeitssubstrat und Arbeitsvorschufs (Kapital) sein und ob folgeweise dem Unternehmer als solchem ein Eigentum an fremdem Arbeitswert (Kapitalprämie, Kapitalprofit) zustehen solle."

„Parallel zu der angegebenen Bewegung der Rechtshistorie, immer mehr Inhalt aus der Eigentumssphäre herauszuwerfen läuft in der ökonomischen Entwickelung die genau entsprechende Tendenz, immer mehr Faktoren der Produktion und resp. die Produkte selbst in immer gröfserem quantitativen Umfange aus der ökonomischen Eigentumssphäre der Entgeltlichkeit in diejenige der Unentgeltlichkeit hinüberzuwerfen (durch Reduktion des Verkaufspreises auf den Kostenpreis und die beständige Verminderung der Erzeugungskosten)." —

Das Ergebnis seiner Untersuchungen fafst Lassalle in den Satz zusammen:

„Die kulturhistorischen Veränderungen der Organisation der Volkswirtschaft zielen ab auf die Ausdehnung des gemeinwirtschaftlichen Systems auf Kosten des privatwirtschaftlichen. Die Volkswirtschaft zeigt also einen wachsend kommunistischen Charakter."

* * *

Wenn wir irgend eine kritische Abhandlung der Nationalökonomie vornehmen, so werden wir meistens belehrt, dafs Lassalle die Grundanschauung über die Gestaltung der Lohnverhältnisse, auf der sich seine ganze Kritik des Kapitals und der modernen Unternehmung aufbaut, Ricardo entnommen habe; sein ehernes Lohngesetz sei nichts als die Ricardosche Regel. Ob und wie weit das der Fall ist, kann nur entschieden werden, nachdem man Ricardo selbst gehört hat.[1]

---

[1] Ich kann die Gelegenheit nicht vorübergehen lassen, ohne darauf hinzuweisen, wie mifslich es sein kann, einer fremden Wiedergabe der Lehren eines Theoretikers zu folgen. Wie farblos und unklar diese oft erfolgt, zeigt sich beispielsweise, wenn wir die „Geschichte der Volkswirtschaftslehre" von John Kells Ingram (übersetzt von Roschlau, Tbgn. 1890) aufschlagen. Es heifst da von der Lohntheorie Ricardos (Seite 177/78):

„In der That kann der Arbeiter nie auf längere Zeit mehr verdienen, als erforderlich ist, um diese Klasse in den Stand zu setzen, in dem, durch die Gewohnheit für sie schlechterdings notwendig gewordenen Grade von Behaglichkeit

Ricardo lehrt[1]:
Die Arbeit hat einen **natürlichen** und einen **Marktpreis**. Der natürliche Preis ist der, der notwendig ist, um den Arbeiter in den Stand zu setzen, zu bestehen und sein Geschlecht fortzupflanzen, ohne Vermehrung und Verminderung.[2]
Der Marktpreis der Arbeit ist der, der wirklich für dieselbe bezahlt wird, nach der natürlichen Wirksamkeit des Verhältnisses zwischen Angebot und Nachfrage. Der Marktpreis hat das Bestreben, sich dem natürlichen Preise nachzubilden; der natürliche Preis der Arbeit aber kann nicht mit den Fortschritten der bürgerlichen Gesellschaft fallen, wie der anderer Güter.
Steht der Marktpreis über dem natürlichen Preise, so hat der Arbeiter die Möglichkeit, eine zahlreiche (?) und gesunde Familie zu erhalten. Wenn jedoch infolgedessen die Arbeiterzahl zugenommen hat, sinkt der Arbeitslohn wieder auf den natürlichen Preis und zuweilen unter denselben. Steht der Marktpreis der Arbeit unter dem natürlichen Preise, so ruft das eintretende Elend eine Verminderung der Arbeiter-

zu leben und ihr Geschlecht ohne Vermehrung und Verminderung fortzupflanzen. Es ist dies der „natürliche" Preis der Arbeit. Wird derselbe durch den Marktpreis zeitweilig überschritten, so reizt dies die Bevölkerung zur Vermehrung und der Lohnsatz fällt wieder. Während also die Rente eine fortwährende Neigung zum Steigen und die Kapitalgewinne eine solche zum Fallen zeigen, hängt das Steigen oder Fallen der Löhne von dem Verhältnis ab, in welchem sich die arbeitenden Klassen vermehren. Ricardo mufs daher in der Absicht, ihre Lage zu verbessern, auf das Malthussche Rezept zurückgreifen, von dessen Anwendung er sich allerdings keine besondere Wirkung zu versprechen scheint. Die von ihm hervorgehobenen Sicherheitsmafsregeln gegen eine übermäfsige Bevölkerung sind die allmähliche Abschaffung der Armengesetze — **deren Verbesserung würde ihn nicht befriedigen** — und die Förderung des Geschmackes für höhere Annehmlichkeiten und Genüsse unter den arbeitenden Klassen." Dieses Referat gibt uns von den Ricardoschen Vorstellungen ein sehr unklares Bild.
Wie pedantisch Ingram Ricardo wiedergibt, zeigt die fett gedruckte Einschiebung. Ricardo selbst schreibt: „Kein Entwurf zur Verbesserung der Armengesetze verdient die mindeste Beachtung, der nicht ihre gänzliche Aufhebung zum letzten Zwecke hat." Aus dieser Bemerkung weifs Ingram nichts anderes zu machen, als jene Einschiebung.
Überhaupt hat man öfter Ricardo und infolge davon auch das Verhältnis Lassalles zu ihm, nicht ganz korrekt aufgefafst, siehe auch die sonst gute Biographie Lassalles von E. von Plener. Seite 71.
[1] David Ricardo, Grundsätze der Volkswirtschaft und der Besteuerung, Baumstarck'sche Übersetzung, 1. Auflage.
[2] Ricardo macht ausdrücklich darauf aufmerksam, dafs der natürliche Preis nicht nach dem Geldlohn, sondern nach dem Sachlohn berechnet und beurteilt werden müsse.

zahl hervor. Erst dann, oder, wenn die Nachfrage nach Arbeit gestiegen ist, steigt der Marktpreis wieder bis zur Höhe des natürlichen Preises.

Ungeachtet jenes Strebens des Arbeitslohnes, sich dem natürlichen Satze gleich zu bilden, kann dennoch der Marktsatz desselben in einer fortschreitenden, bürgerlichen Gesellschaft auf unbestimmte Zeit hinaus oder ständig über demselben stehen. Wenn nämlich die Kapitalvermehrung allmählich und ständig ist, kann die Nachfrage nach Arbeit einen fortwährenden Reiz zur Vermehrung der Bevölkerung unterhalten. — Man denke sich aufserdem nicht, der natürliche Preis der Arbeit, wie derselbe gerade in Nahrungs- und anderen Bedürfnismitteln geschätzt ist, sei unabänderlich festgesetzt und beständig. Er wechselt zu verschiedenen Zeiten in demselben Lande und ist in verschiedenen Ländern der Sache nach sehr verschieden.

Mit jeder Verbesserung der bürgerlichen Gesellschaft, mit jeder Vermehrung ihres Kapitals steigt auch der Marktpreis der Arbeit; allein der Fortbestand dieses Steigens hängt von der Frage ab, ob der natürliche Preis derselben sich ebenso gehoben habe; und dies dagegen hängt wieder vom Steigen des natürlichen Preises derjenigen Bedürfnisse ab, für die der Arbeitslohn wieder ausgegeben wird.

Bei einer sich um die Unterhaltsmittel drängenden Bevölkerung ist das einzige Abhilfsmittel entweder eine Herabsetzung der Gröfse der Bevölkerung oder eine raschere Ansammlung von Kapital.

In der natürlichen Entwickelung der bürgerlichen Gesellschaft hat der Arbeitslohn ein Streben zu sinken, insofern er von Angebot und Nachfrage bestimmt wird; denn das Angebot an Arbeitern fährt in einem und demselben Satze zu steigen fort, während die Nachfrage nach solchen in einem niederigeren Mafse steigt. Allein wir dürfen nicht vergessen, dafs der Arbeitslohn aufser durch Angebot und Nachfrage auch durch die Preise der Güter bestimmt wird, auf die man ihn verwendet. Wie die Bevölkerung steigt, so gehen auch die Preise für die Lebensbedürfnisse in die Höhe, weil zu ihrer Hervorbringung mehr Arbeit erforderlich ist. Der Geldlohn wird deshalb auch steigen, aber nicht hoch genug, um den Arbeiter in Stand zu setzen, sich so viele Gegenstände seiner Bedürfnisse zu kaufen, als vor dem Steigen der Preise dieser Güter. Es ist somit die natürliche Tendenz der Profite, zu fallen, denn mit dem Fortschreiten der Gesellschaft und des Wohlstandes derselben erfordert der Mehrbedarf an Nahrungsmitteln einen immer gröfseren Aufwand an Arbeit; ein Steigen der Löhne aber erhöht nicht die Preise der Waaren, sondern vermindert ausnahmslos die Profite.

Wenn die Armen ihre Wohlfahrt verbessern wollen, ist es nötig, dafs sie ihren eigenen Bedacht darauf richten; die Freunde der menschlichen Gesittung können nur wünschen, dafs in allen Ländern die arbeitende Klasse einen Geschmack für die Gegenstände körperlichen und gemütlichen Wohlbehagens und für Genüsse bekommen. Es kann keine bessere Sicherung gegen eine übermäfsige Bevölkerung geben. — Die Armengesetze sind aufzuheben, denn das Gesetz der Schwere ist nicht weniger gewifs, als das Streben solcher Gesetze, Wohlstand und Macht in Elend und Schwäche zu verwandeln. —

Die Löhne werden nach Ricardo demnach durch folgende Thatsachen bestimmt:

1. Durch die Vermehrung oder Verminderung der Bevölkerung.
2. Durch den verfügbaren Lohnfonds.
3. Durch den Umstand, dafs Arbeit und Kapital, als die wirkenden Teile der Produktion fast unveränderlich sind.

Es ist also weder der Malthussche Satz, dafs die thatsächliche Bevölkerungsvermehrung durch die Unterhaltsmittel begrenzt ist, noch auch der für civilisierte, dicht bevölkerte Kulturstaaten eintretende, dafs die Möglichkeit der Nahrungsmittelvermehrung nicht gleichen Schritt hält mit der Möglichkeit, für eine wachsende Zahl von Menschen eine Beschäftigung gegen genügende Auslohnung zu finden, die bei Ricardo rein zur Darstellung kommen, sondern der zweite dieser Sätze wird in seinen Folgeerscheinungen verschärft durch die Annahme eines Lohnfonds und eines mehr oder weniger stabilen Produktionsumfangs. Bei Malthus wirken die Möglichkeit der Unterhaltsmittelvermehrung und die Möglichkeit der Bevölkerungsvermehrung unmittelbar als der Ausdruck eines Naturgesetzes auf einander ein, der nur graduell verschärft wird mit der Erhöhung der Kulturstufe und der damit in Verbindung stehenden dichteren Besiedelung eines Landes. Bei Ricardo dagegen ist das Verhältnis zwischen Unterhaltsmittelmenge und Wachstum der Bevölkerung nur mittelbar wirksam, die letzten Ursachen seiner Wirksamkeit sind eine stabile Produktion und die Abhängigkeit der Lohnsumme der gesamten Arbeiterklasse von· dem Lohnfonds, also um es kurz zu sagen, die **Produktionsform der Manufakturperiode** ist die Ursache, die der Wirkung nach die **gleichen Erscheinungen** hervorbringt, wie die Thätigkeit der Malthusschen Faktoren. M. E. hat Eduard Bernstein hierauf mit vollem Rechte aufmerksam gemacht. Er sieht das charakteristische Zeichen der Manufakturperiode in der Teilung der Arbeit im Einzelbetrieb, während das Handwerk ursprünglich nur die Teilung der Arbeit in der Gesellschaft darstellt. Der Einzel- oder Teilarbeiter in der Manufaktur bleibt jedoch im wesentlichen Handwerker, dessen persönliche Geschicklichkeit die Grundlage des ganzen Mechanismus bildete. Es ist in der That unschwer einzusehen, dafs in einer Produktionsepoche, in der der Arbeiter bereits als Zubehör des Produktionsmechanismus fungiert, dieser selbst aber wiederum von der Geschicklichkeit des Arbeiters abhängt und auch sonst sich nur schwerfällig bewegt, alle jene Auffassungen in Bezug auf die Beziehungen zwischen Kapital und Arbeit, auf die Wirkungen von Angebot und Nachfrage, auf den Arbeitslohn und die Umstände, die Angebot und Nachfrage von Arbeitern bestimmen, entstehen mufsten, die man bei den Ökonomen des vorigen Jahrhunderts findet. Und auch Ricardo legt jene Zeit zu Grunde. Er giebt zwar zu, dafs die Maschine gelegentlich Arbeiter verdrängt, aber dafs sie die ganze Stellung des Arbeiters grundsätzlich verändert, dafs sie für das ganze Verhältnis von Angebot und Nachfrage der Arbeit neue Gesetze schafft, hat er noch nicht erkannt.

Am klarsten zeigt sich die Befangenheit Ricardos, die er aber nur mit seinem Vorbilde Adam Smith teilt, in der Lohnfondstheorie, die er diesem entnommen hat. Dem Satze Adam Smiths: „Die Nachfrage nach Lohnarbeitern kann offenbar nur im Verhältnis zur Zunahme der Fonds wachsen, welche zur Lohnzahlung bestimmt sind", folgte der von Ricardo: „Sowohl, wenn mit der Vermehrung des Kapitals sein Tauschwert steigt, als auch wenn derselbe stabil bleibt oder sinkt, wird der Marktsatz des Arbeitslohnes steigen, denn mit der Zunahme des Kapitals wächst im gleichen Verhältnis die Nachfrage nach Arbeit." Bernstein macht wiederum darauf aufmerksam, dafs Adam Smith, dem ja Ricardo hier unbedingt folgt, seine Auffassung mit ganz bezeichnenden Beispielen belegt, indem er dem eines „Gutsbesitzers, Rentners oder Geldmannes, der, wenn der Überschufs seines Einkommens über das zum Unterhalt seiner Familie Erforderliche hinauswächst, seine Dienstboten vermehrt", das Beispiel eines „unabhängigen Handwerkers" folgen läfst — etwa eines Webers oder Schuhmachers — der „mehr Kapital erworben hat, als er zum Kauf der für seine eigene Arbeit erforderlichen Materialien und zu seinem Unterhalte bis zum Verkauf seines Produktes braucht, und von dem Überschufs einen oder mehrere Gesellen beschäftigt, um aus ihrer Arbeit Gewinn zu ziehen. Nimmt dieser Überschuſs zu, so wird er natürlich auch die Zahl seiner Gesellen vermehren. Die Nachfrage nach Lohnarbeitern wächst also notwendig mit der Zunahme des Einkommens und Kapitals eines Landes, und kann unmöglich auch ohne dies wachsen." Das sind, sagt Bernstein, Beispiele, die einer noch hinter die Manufaktur zurückreichenden Produktionsepoche entsprechen. Die Gleichstellung von Arbeiter und Dienstboten sowohl, wie das Bild des Handwerksmeisters, der selbst arbeitet und nebenbei noch, nach Maſsgabe seines „Kapitals", Gesellen beschäftigt, gehören der Feudalzeit an.

Man hat Ricardo deshalb „grausam" genannt, weil er die Aufhebung der Armengesetze empfiehlt, eine Bezeichnung, die ganz deutlich zeigt, wie man ihn miſsverstanden hat. Er sagt: „Gleich allen anderen Verträgen soll der Arbeitslohn dem reinen und freien Mitbewerb des Marktes überlassen sein und niemals durch Einmischung der Gesetzgebung beaufsichtigt werden", nicht sowohl zunächst damit, wie Malthus lehrt, das durch eine ungehemmte Vermehrung der Bevölkerung eintretende Elend sie wieder vermindere, sondern „das Gesetz der Schwere ist nicht weniger gewiſs, als das Streben solcher (der Armen-) Gesetze, Wohlstand und Macht in Elend und Schwäche zu verwandeln." Der erzieherische Einfluſs der freien Konkurrenz ist es, worauf Ricardo das Hauptgewicht legt. Er weiſs wohl, daſs sich mit der Ausführung seines Vorschlages auch die Bevölkerung vermindert, und spricht das selbst aus, aber trotzdem ist das nicht die Hauptsache bei ihm. „Ohne das eigene Streben der Arbeiter nach Wohlstand, ohne die Anstrengung der Gesetzgebung, die Zunahme der Armenzahl zu regeln und zu frühe und unvorsichtige Heiraten zu verhindern oder doch weniger häufig zu machen, kann die Wohlfahrt der Armen dauernd nicht gesichert werden. Die Wirksamkeit der Armengesetze war aber eine entgegengesetzte: Sie haben die Massen im Hinblick auf die Unterstützung, die ihnen gewährt werden muſste, faul und indolent gemacht, haben alle Zurückhaltung beseitigt und die Unvorsichtigkeit sogar noch aufgemuntert, und so liegt es ganz im natürlichen Verlauf der Dinge, daſs die Mittel zum Unterhalte der Armen fortschreitend wachsen müssen, bis sie alles reine Einkommen des Landes verschlungen haben." — Das von Malthus empfohlene Mittel, die Arbeiter mit allen gesetzlichen Mitteln zu vermögen, daſs sie Geschmack an einem gewissen Komfort erhalten und, um diesen zu bewahren, eine übermäſsige Kinderzeugung vermeiden, erkennt Ricardo an. Mit der Aufhebung der

Armengesetze will er aber nicht die „repressiven" Hemmnisse Malthus' vermehren, sondern höchstens die „präventiven". — Der Zweck dieser Bemerkungen war nicht sowohl, zu leugnen, dafs Ricardo die Malthussche Lehre anerkannt und verwertet habe, sondern nur, die Ricardoschen Anschauungen in ihren feineren Formen darzustellen und zu zeigen, dafs er jene Lehre nicht in der ausschliefsenden Weise des Malthus als ein Naturgesetz benutzte, dessen krasse Verwirklichung zwar nicht vorhanden, aber doch möglich ist, und dessen Wirkungen jedenfalls überall zu Tage treten.

Wir können nun auch genau feststellen, wie weit Lassalle die Ricardosche Regel angenommen hat.[1]) Sein ehernes Lohngesetz ist abhängig 1. von der Bevölkerungsbewegung, 2. von dem Arbeitsfonds (Lohnfonds). Die Ansicht von der nicht leicht ausdehnbaren Produktion, von der im wesentlichen gleichförmig bleibenden Arbeit hat Lassalle natürlich aufgegeben und zum anderen unterscheidet er sich von Ricardo dadurch, dafs das Unterhaltsminimum in einer Wirtschaftsepoche als feststehend gedacht ist (obwohl er selbst an anderer Stelle von der notwendigen Veränderung und Vermehrung der Nahrungsmittel spricht), so lange das Gesetz von Angebot und Nachfrage nicht ausgestofsen ist, während bei Ricardo der natürliche Preis der Arbeit, der doch auch unbedenklich als Unterhaltsminimum bezeichnet werden darf, selbst schwankt und veränderlich ist. Bei Ricardo ist die Lohnregel auch das Ergebnifs der Produktionsweise der Gesellschaft, aber bei Lassalle ist sie die Konsequenz einer falschen, einer anarchischen Produktionsorganisation und fällt mit dieser; ihren naturgesetzlichen Charakter erkennt er nicht an, und kann er nicht anerkennen, da er ein Gegner der Malthusschen Lehre war. Auf eine an ihn ergangene Anfrage, wie er sich zu ihr stelle, antwortete er mit einem Briefe, dem folgende Stellen entnommen sind: „Seit Adam Smith haspeln alle Nationalökonomen den Satz ab, dafs die menschliche Arbeit die Quelle alles Reichtums sei. Je mehr Menschen also, desto mehr Arbeitshände, desto mehr Reichtum. Ist das heute doch nicht der Fall, so ist das also eben ein tiefer Widerspruch, der in unserem ganzen ökonomischen Antagonismus seinen Grund hat. An diesem mufs geändert werden, dann

---

[1]) Lassalle und das eherne Lohngesetz, Beilage zur allgemeinen Zeitung, 1878, Nr. 303, 305.
Ed. Bernstein, Neue Zeit 1890/91.
H. Soetbeer, Die Stellung der Sozialisten zur Malthusschen Bevölkerungslehre, Berlin, 1886.

wird die vermehrte Bevölkerung vermehrten Reichtums Quelle. Der Malthussche Irrtum, dafs sich die Lebensmittel nicht in demselben Mafse vermehren können, wie die Menschen, ist lange widerlegt, und wäre er es nicht, so wäre bei dem Fleckchen Erde, das wir bisher bebauen, vielleicht überhaupt erst in 1000 Jahren das zu beachten." — Die Mahnung, die Kinderzeugung zu beschränken, hält Lassalle für kindisch, für unsittlich, unmenschlich und unnatürlich. Für kindisch deshalb, weil niemand sich davon abhalten lassen werde, da er ja keine Garantie habe, dafs auch sein Nachbar es thut; das Kind seines Nachbarn thue ihm aber denselben Schaden, wie sein eigenes.[1])

Es hat sich um das Lohngesetz Lassalles ein harter Streit entsponnen, in den einzuführen, zwei Arbeiten gut geeignet sind. Gustav Schmoller griff mit seinen schon erwähnten Aufsätzen über die Arbeiterfrage schon zu Lebzeiten Lassalles zu Gunsten Schulze-Delitzschs ein. Sie erschienen aber erst nach dem plötzlichen Tode des Agitators in den preufsischen Jahrbüchern. Schmoller bemüht sich, das eherne Lohngesetz als „eine oberflächliche Abstraktion hinzustellen, wie sie der englischen Nationalökonomie gerade um ihres Ausgehens von der Praxis des Lebens willen so oft passiert." Der Beweis, dafs die Organisationen, die Schulze-Delitzsch sich zu schaffen bemühte, den Arbeitern zu helfen im Stande seien, und nicht nur dem Handwerker, ist indes als mifslungen zu bezeichnen. — In dem Buche F. A. Langes: die Arbeiterfrage, wird das eherne Lohngesetz ebenfalls abgehandelt, und der Verfasser hat sich bemüht, Lassalle so viel als möglich gerecht zu werden. Auf die Arbeiten im einzelnen einzugehen, liegt kein Grund vor, da sie ohnehin genügend bekannt sind.

Die von Lassalle behauptete, ausschliefsliche Wirkung seines Lohngesetzes, ist der Grund- und Eckstein seines theoretischen Lehrgebäudes und bildet den Mittelpunkt seines Systems. Nachdem er die Geschichte der Entwickelung der Produktion, die Umgestaltung

---

[1]) Soetbeer scheint diesen Brief nicht gekannt zu haben, denn er schreibt: „Wenn aber Lassalle der Ansicht war, dafs die Arbeiter durch die Vermehrung ihrer Zahl daran gehindert würden, einen höheren Lohn dauernd zu erlangen und ihre Lage zu verbessern, warum riet er ihnen denn nicht, sich hierin Beschränkung aufzuerlegen? Vielleicht fürchtete er für seine Popularität, fürchtete seiner Wirksamkeit als Agitator den Boden unter den Füfsen wegzuziehen. Dann hat die wissenschaftliche Kritik nichts weiter zu thun! Vielleicht hielt er es aber für vergeblich und die betreffende Vermehrung der Arbeiter für unabänderlich." — Den oben citierten Brief hat übrigens nicht etwa erst Bernstein aufgefunden, sondern z. B. Dühring hat ihn schon gekannt (siehe Dühring, Kritische Geschichte der Nationalökonomie und des Sozialismus, Berlin 1875, S. 522).

der Gesellschaft dargestellt hat, weist er nach, dafs das Resultat der ganzen Entwickelung, die moderne Organisation der Produktion und der Gesellschaft das „eherne Gesetz" gezeugt habe, das, solange diese Organisation bestehe, die Arbeiterklasse an ein Unterhaltsminimum fessele. War das Gesetz in Wahrheit „ehern", so mufsten auch die Folgerungen, die Lassalle daraus zog, unumstöfslich sein, so waren seine Produktivassoziationen, wenn auch vielleicht nicht praktisch vollkommen, so doch dem Prinzipe nach und bei der Überzeugung, dafs die wirtschaftliche Organisation im Rahmen der Nation sich gestalten müsse, der einzig richtige Weg, dem Arbeiter das Recht des vollen Arbeitsertrages zu sichern.

Der Einwände gegen das Lohngesetz Lassalles sind viele. Meine Aufgabe ist zunächst die wichtigsten kurz aufzuführen.

1. Soetbeer hat zuerst die Fassung des Lohngesetzes bemängelt und kommt zu dem Ergebnis: „Man mag sich wenden, wie man will, es liegt kein klarer Sinn darin, wenn Lassalle von dem Lebensunterhalt spricht, der in einem Volke gewohnheitsmäfsig zur Fristung der Existenz und zur Fortpflanzung erforderlich ist." Soetbeer geht hier entschieden zu weit und wird meiner Ansicht nach bei dieser Ausführung, zu beweisen, dafs das Lohngesetz eine leere Tautologie sei, so sophistisch, wie Lassalle es nur immer selbst sein konnte.

2. Soetbeer weist ferner darauf hin, dafs die Behauptungen Lassalles von den Schwankungen der Löhne nicht richtig seien, weil sie zu weit gingen. Man kann nichts weiter sagen, als dafs eine Lohnerniedrigung auf Verminderung, eine Lohnerhöhung auf Vermehrung des Arbeiterstandes hinwirkte, wodurch in beiden Fällen eine der Lohnbewegung entgegenwirkende Kraft erzeugt wird. Wie weit diese Gegenwirkung aber erfolgt, ist eine Sache der Erfahrung in jedem einzelnen Falle.

3. Die Wirkung der Geburtenzunahme in der Arbeiterklasse bei günstigem Lohnstande kann nicht augenblicklich eintreten, sondern frühestens 15 Jahre nachher, da die Kinder erst heranwachsen müssen. In diesem Zeitraume kann sich die Lebenshaltung der Arbeiter dem besseren Lohne gemäfs schon „gewohnheitsmäfsig" erhöht haben, kann das Unterhaltsminimum schon gestiegen sein. — Dieser Einwand mufs natürlich dann modifiziert werden, wenn ausgedehnte Kinderarbeit herrscht.

4. Lassalle setzt die Wirkungen von Lohnerhöhung und Lohnerniedrigung einander gegenüber, ohne eine höchst notwendige Unterscheidung zu machen. Die Dauer der beiden Bewegungen ist natur-

gemäſs eine verschiedene. Die Lohnerhöhung **kann** doch mindestens, wenn man schon nicht zugibt, daſs der Fall thatsächlich eintritt, längere Zeit dauern, eine rückläufige Lohnbewegung, d. h. eine solche, die unter das Unterhaltsminimum geht, muſs eher zum Stillstande kommen, da die Bevölkerung **sofort** auswandern, **sofort** Hungers sterben oder **sofort** die Kinderzeugung sich vermindern wird. Eine Lohnerhöhung wirkt oder kann wenigstens sehr lange dauern und wirken, eine Lohnverminderung im Sinne des Lassalleschen Gesetzes muſs in ihren lähmenden Folgeerscheinungen sofort bemerkbar werden.

5. Der Sozialismus wendet gegen das eherne Lohngesetz ein, daſs wenn die Löhne in dieser Weise steigen und fallen sollen, eine Produktionsweise vorausgesetzt ist, die sich in solchen Perioden höchstens fortentwickelt, die mit dem Heranwachsen einer neuen Arbeitergeneration zusammenfallen, eine Annahme, die thatsächlich falsch ist. „Die industrielle Reservearmee ist die lebendige Widerlegung des „ehernen Lohngesetzes", und Marx hat zuerst die Entstehungsweise derselben, ihr von absoluter Ab- oder Zunahme der Arbeiterbevölkerung unabhängiges Wachstum, ihre Daseinsformen und ihren Einfluſs auf die Löhne der Arbeiter nachgewiesen." (Bernstein).

6. Lassalle verallgemeinert bei seiner Behandlung des Lohngesetzes noch unvernünftiger, als bei seiner Betrachtung der geschichtlichen Entwickelung. In dieser Beziehung hatte Schmoller recht. Die Arbeiter als eine einheitliche, eine solidarische Gruppe zu betrachten, ist nur möglich, hinsichtlich ihrer Gesinnung und des Zieles, das sie verfolgen, nämlich für die Umgestaltung der Produktionsorganisation und dahin zu wirken, daſs jedem der volle Arbeitsertrag zu teil werde. Die Lohnverhältnisse aber und die Lohnbewegungen können nicht einheitlich betrachtet und geregelt, sondern müssen nach den einzelnen Berufen behandelt werden; denn ein Blick auf die uns thatsächlich umgebenden Verhältnisse lehrt, daſs es unendlich viele und verschiedene Unterhaltsminima in der ganzen Klasse der Arbeiter gibt, um die auch die Löhne in ganz verschiedener Weise „pendeln"; trotz der guten Organisation der englischen Gewerkvereine haben sie nie eine **gleichmäſsige** Erhöhung der Löhne für **alle** Gewerke erzielt, noch werden sie sie je erzielen.

7. Man hat darauf hingewiesen, daſs das Unterhaltsminimum ein sehr dehnbarer Begriff sei, daſs das, was einem Volke oder einer Arbeiterklasse zur Fristung des Lebens und der Fortpflanzung notwendig sei, sehr viel und sehr wenig sein könne. Dieser Einwand

will nun allerdings wenig besagen, wenn man ihn, wie das geschehen ist, auf Völker verschiedener Kulturstufe anwendet, und beispielsweise einen chinesischen Kuli mit einem deutschen Taglöhner vergleicht. Das heifst das Mafs der erlaubten Kritik überschreiten.

8. Die eherne Natur des Gesetzes hat Lassalle selbst eigentlich widerlegt, da er im Grunde — wenn auch unbewufst — ebenso, wie Ricardo eine Beweglichkeit des Unterhaltsminimums zugestanden hat, indem er sagt, die Arbeiter sollten sich durch den Nachweis nicht verblüffen lassen, dafs der Lohn im Laufe der Jahrhunderte und dafs damit die ganze Lebenshaltung der Arbeiter gestiegen sei. Es komme nicht sowohl darauf an, sondern auf die Lage der Arbeiter zu der der anderen Klassen derselben Zeit. Das ist allerdings ganz richtig, aber dennoch hat damit Lassalle zugestanden, dafs es ein unverrückbares Unterhaltsminimum nicht gibt. —

Der moderne Sozialismus hat mit seinen beiden Hauptvertretern Marx und Engels das eherne Lohngesetz schon längst fallen lassen, und demgemäfs hat auch die deutsche Sozialdemokratie diesen Programmpunkt gestrichen. Auf dem Gothaer Parteitag 1875, wo die Vereinigung der beiden sozialistischen Gruppen stattfand, war es in das Programm aufgenommen worden, auf dem Erfurter Parteitage 1891 entfernte man es wieder. Fr. Engels hat behauptet, dafs er den Satz, dafs der natürliche, d. h. normale Preis der Arbeitskraft zusammenfällt mit dem Minimum des Lohnes, zuerst (?) aufgestellt habe in den deutsch-französischen Jahrbüchern im Jahre 1844, von wo er von Marx in seiner Schrift: „Das Elend der Philosophie etc." 1846/47 übernommen worden sei. Marx hat aber den Satz später als falsch erkannt und seine veränderte Auffassung in dem Kapitel: „Kauf und Verkauf der Arbeitskraft", im „Kapital" niedergelegt.[1]) Dennoch sagt Engels ausdrücklich: die Thatsache, dafs die Arbeitskraft in der Regel und im Durchschnitte unter ihrem Werte bezahlt sei, büfse nichts von ihrer Geltung ein, wenn auch das Gesetz als falsch erkannt sei. Hören wir, was der Sozialismus an seine Stelle setzt, von dem wir oben durch Bernstein schon eine Kritik der Lohnfondstheorie vernahmen: Alle Faktoren, welche unter der Herrschaft der maschinellen Grofsproduktion die Lohnhöhe beeinflussen, sind elastische Potenzen, selbst der Begriff der notwendigen Lebensmittel ist elastisch und gerade daher ist das Lohngesetz der modernen,

---

[1]) Ad. Wagner dagegen ist der Ansicht, dafs Marx mehr formell, als materiell von Lassalle abweicht. S. Grundlegung, 3. Aufl. I. 2. Teil, § 151 S. 336.

kapitalistischen Grofsproduktion schlimmer als „ehern". Es wird nicht bestimmt durch Wachstum oder Abnahme der absoluten Kopfzahl der Arbeiterbevölkerung im Verhältnis zur Kapitalgröfse, sondern es wird bestimmt durch die in immer kürzeren Perioden sich vollziehenden Schwankungen des Kapitals.

Das entscheidende Moment bei der Lohngestaltung in der modernen Produktion ist die Thatsache, dafs „stets ein gröfserer Teil des Kapitals in Produktionsmittel umgesetzt wird, ein stets kleinerer in Arbeitskraft." Der Konkurrenzkampf der Unternehmer wird durch Verbilligung der Waren geführt, und diese wieder hängt, unter sonst gleichen Umständen von der Produktivität der Arbeit ab, die durch Weiterentwickelung des Maschinenwesens erhöht wird. Aber dadurch, dafs man immer gröfsere Maschinenanlagen etc. schafft, werden immer mehr menschliche Arbeitskräfte im Verhältnis überflüssig. — Die Ruhepausen in der Entwickelung, während deren das Wachstum der Kapitale und mit ihm der Unternehmungen als blofse Erweiterung der Produktion auf gegebener technischer Grundlage wirken, verkürzen sich. Die vermehrten Arbeitskräfte, die das Kapital heute an sich gezogen, stöfst es morgen schon wieder ab. Da der Prozefs sich nicht in allen Industrieen gleichzeitig und in gleichem Umfange vollzieht, so werden erhebliche Bruchteile der Arbeiterklasse bald der einen, bald der anderen zugeworfen, da er aber in allen grofsen Industrieen vor sich geht, so findet beständig Überflüssigmachung vorher angezogener Arbeiter statt, und diese aus der Produktionssphäre geworfenen Arbeiter bilden eine stets zur Verfügung des Kapitals stehende Arbeiterreserve. Es gibt keine Übervölkerung im Verhältnis zu den vorhandenen Produktions- und Subsistenzmitteln, sondern nur noch eine Übervölkerung im Verhältnis zu dem jeweiligen Verwertungsbedürfnis des Kapitals. Wenn dies eben noch mit einer Kraft gewirkt hat, dafs fast alle vorhandenen Arbeiter beschäftigt wurden und teilweise sogar wirklicher Arbeitermangel herrschte, zieht es sich plötzlich zusammen und wirft riesige Massen von Arbeitern auf das Pflaster. So entsteht allerdings eine Übervölkerung, aber diese ist nicht nur ein notwendiges Produkt der kapitalistischen Produktion, wenn wir sie als Wirkung betrachten, sie ist auch notwendig als Zweck. Das Kapital braucht sie, um die Produktion in jedem gegebenen Momente beliebig erweitern zu können, und es braucht sie, um die Löhne der Arbeiter auf einem, seinem Verwertungsbedürfnis entsprechenden Niveau zu halten.[1])

---
[1]) S. Bernstein a. a. O. Seite 532/33.

Lassalle sagt: „Kapital ist Vorschuſs vorgethaner Arbeit." Woher kommt aber dieser Vorschuſs? Diejenigen, die diese Arbeit vollbrachten, waren vor der Revolution und im Altertume noch nicht rechtlich frei, sondern muſsten den Arbeitsertrag als Sklaven, Leibeigene, Hörige in die Hände der Besitzer ihrer selbst und ihrer Schutzherren geben. Jetzt ist der Arbeiter zwar rechtlich frei, aber nun ist das Kapital schon zu mächtig geworden, denn inzwischen ist die Teilung der Arbeit eingetreten und damit die Trennung des Arbeiters vom Arbeitsinstrumente. An den Besitzer dieser muſs jetzt der Arbeiter die jenem genehme Summe abgeben, und erst dieser bestimmte historische Zustand gibt den Arbeitsinstrumenten den Charakter als Kapital. — Die Produktivität des Kapitals ist für Lassalle nur ein Ausfluſs der modernen, arbeitsteiligen Produktionsweise unter der Herrschaft des Unternehmertums. Lassalle weist darauf hin, daſs im Altertume alle Arbeit Sklavenarbeit gewesen sei,[1]) der Besitzer der Sklaven könne aber gleichwohl nicht als Kapitalist angesehen werden, da ja sowohl die Arbeiter als auch das Arbeitsinstrument rechtlich ihm als Eigentum zugestanden hätten. Während Lassalle die Sklaven als „Genuſsmittel" ansieht, sind sie für Rodbertus, der über die Arbeit im Altertume das gleiche aussagt, „antikes Kapital". — Vor allem betont Lassalle immer, daſs die individuelle Arbeit nicht sparen kann. Die Produktion unter Teilung der Arbeit wirft allein einen Überschuſs über den Tagesbedarf ab, sie setzt aber, um möglich zu sein, immer schon wieder einen vorhergegangenen Ansatz der Kapitalbildung, somit immer wieder eine vorhergegangene Teilung der Arbeit voraus, die allein diesen, der individuellen Arbeit unerschwinglichen Überschuſs über den Tagesbedarf beschaffen kann. Völker, die von voller individueller Arbeit ausgehen, können deshalb niemals zu einer Kapitalansammlung kommen. Nur durch gesellschaftliche Zusammenhänge wird es gebildet. — Trotzdem die alte Hauswirtschaft Naturalwirtschaft war, kann doch auch Lassalle nicht leugnen, daſs schon im Altertume sich der Handel und die Produktion von Tauschwaren fast (!) in kapitalistischer Weise entwickelten. Er unterläſst es aber, die Konsequenz daraus zu ziehen und gibt auch mit Unrecht nicht zu, daſs die Anfänge des mittelalterlichen Handelskapitals durch Ersparnisse entstanden sind, denn „daſs Kapital „gespart" wird, ist ja überhaupt ein Un-

---

[1]) Die Grundgedanken dieses ganzen geschichtlichen Exkurses sind Louis Blanc entnommen. S. Kleinwächter a. a. O.

sinn", schreibt er an Rodbertus, fährt aber fort; "überdies auch nur aus der Verwechselung der Einzelwirtschaft und ihrer Erscheinungen mit der Nationalproduktion entstanden". Wenn er aber für die Privatökonomie diese Art der Kapitalbildung zugiebt, so ist sie auch möglich für die Nationalökonomie.

Die Schilderung der Naturalwirtschaft, die Lassalle in seinem "Bastiat-Schulze" giebt, ist des öfteren als eine vorzügliche rühmend hervorgehoben worden, aber bei der ganzen Erörterung ist nach Ad. Wagner der Unterschied von Geldkapitalisierung und Naturalkapitalisierung nicht festgehalten. Dafs das Einkommen aus der fremden Arbeit damals zum Genusse gedient hat und zur Erhaltung und Vermehrung der Macht, indem man die Zahl der abhängigen Menschen vergröfserte, ist richtig, aber ebenso steht es fest, dafs eine Kapitalisierung dieses Naturaleinkommens in Gestalt von Bodenverbesserungen, in Gestalt von Werkzeugen und Gewerbevorrichtungen, sogar in der alten Oikenwirtschaft und ebenso in der mittelalterlichen Feudalwirtschaft in grofsem Umfange stattgefunden hat.

Ad. Wagner will sogar eine Geldkapitalisierung konstatieren, im Altertume, wenn man beispielsweise Sklaven Geld- und Handelsgeschäfte übertrug, im Mittelalter, wenn bei der Frohnhofs- und Klosterwirtschaft sich ein Handel, ein Absatz nach aufsen entwickelte.

Wenn auch nicht im Gegensatze zu diesen Einwendungen, wird die historische Ausführung Lassalles doch mehr gerechtfertigt durch eine neuere Untersuchung von Bücher,[1]) die zu wichtig erscheint, als dafs sie übergangen werden dürfte, da Bücher auch eine, von der konventionellen abweichende Ansicht über die wirtschaftliche Entwickelung vertritt, die nach ihm in drei Perioden zerfällt, die "durch die Länge des Weges, welchen die Güter vom Produzenten zum Konsumenten zurücklegen", charakterisiert sind, nämlich in die Periode der geschlossenen Hauswirtschaft, der Stadtwirtschaft und der Volkswirtschaft. Bücher stellt die Eigenart der drei Perioden dahin fest: "Kapital giebt es auf der ersten Stufe fast nicht, sondern nur Gebrauchsgüter. Auf der zweiten Stufe lassen sich wohl die Werkzeuge unter die üblichen Kategorieen des Produktionskapitals bringen, keineswegs jedoch allgemein auch die Rohstoffe. Eigentliches Erwerbskapital ist da nur das Handelskapital. Auf der dritten Stufe bildet das Erwerbskapital das Mittel, durch welches die Güter von einer Etappe der Arbeitsteilung zur anderen emporgetrieben werden. Alles wird hier Kapital."

[1]) Bücher, Die Entstehung der Volkswirtschaft, Tübingen 1893.

Die Anschauung Büchers über das Wesen des Kapitals wird in Verbindung mit dieser Stelle aus einer anderen klar, wo er — in Übereinstimmung mit Karl Marx — sagt: „Die moderne Betriebsweise ist eine kapitalistische und beruht darauf, Geld in Ware und Ware in mehr Geld zu verwandeln." Der Zirkulationsprozeſs ist das Kennzeichen der Kapitalwirtschaft, wo dieser fehlt, gibt es auch kein Kapital, das also demgemäſs im Gewerbe erst mit der Manufaktur auftritt. Im Mittelalter finden wir zwei Arten von Einkommen: die Grundrente und den Lohn, und zwar den Handwerkslohn, den Entgelt für die Nutzung der Arbeitskraft des Handwerkers von seiten des Konsumenten, nicht wie heute den Preis, den der Unternehmer dem Lohnarbeiter zahlt. Unternehmergewinn gibt es fast nur im Handel. —

Dadurch, daſs nach Lassalle die französische Revolution die Arbeit zwar rechtlich frei gemacht, von allen Beschränkungen entbunden hatte, aber faktisch die Arbeiter dem Kapital mittellos gegenüberstanden, war der alte Ausbeutungszustand dennoch bestehen geblieben. Der Arbeiter muſs auch jetzt noch seine Ware Arbeit zu dem, unter dem ehernen Lohngesetze stehenden Preise verkaufen; die wahre Lehre (d. h. seine Lehre) vom Werte und vom Kapitale widersprechen diesem Zustande.

Die Lehre vom Werte, die Lassalle aufstellt, entwickelt er als eine Kritik der ökonomischen Anschauungen Bastiats. Er leugnet, daſs einer Wertkategorie, die als das Verhältnis zweier ausgetauschter Dienste gedacht sei, irgend welche ökonomische Bestimmtheit inne wohne. Der Wert ist einzig durch die Arbeit erzeugt, in dem Satze stimmt er mit Marx überein, aber beide weichen darin von einander ab, daſs sie die gesellschaftlich notwendige Arbeitszeit verschieden definieren.

Marx faſst sie auf als die Arbeitszeit, die notwendig ist, um einen Gebrauchswert mit den vorhandenen gesellschaftlichen normalen Produktionsbedingungen und dem gesellschaftlichen Durchschnittsgrad von Geschick und Intensität der Arbeit herzustellen; Lassalle dagegen als die Zeit, die erforderlich ist, um soviel von einem Gegenstande herzustellen, wie zur Deckung des vorhandenen Bedarfs notwendig ist. Die Wirkung von Angebot und Nachfrage ist im letzten Falle vorhanden, im ersten völlig auſser acht gelassen.

Jedenfalls wird aber auch bei Lassalle vom Kapitalzinse und Kapitalprofite der Preis der Dinge nicht bestimmt, sondern nur von den Arbeitsmengen, die das Produkt erfordert hat. Der Kapitalprofit entsteht aus dem Unterschiede der Vergütung der Arbeitsquanta durch die Konsumenten und der Arbeitslöhne durch die Unternehmer. Damit ist dem Arbeiter der volle Ertrag seiner Arbeit entzogen.

Es mufs schon hier ausgeführt werden, wie sich Lassalle den Zusammenhang, bez. die Unterscheidung von qualifizierter und gemeiner Handarbeit gedacht hat, obwohl er selbst das gelegentlich der Abhandlung der Produktivassoziationen ausführte, wo deshalb seine Argumentation zu wiederholen ist. Er teilt nicht die Ansicht, dafs Arbeitsquantum gleich Arbeitsquantum sei, einerlei von wem es geleistet werde, sondern er unterscheidet zwischen physischer und qualifizierter Arbeit, eine, obwohl sehr gebräuchliche, so doch nicht besonders glückliche Ausdrucksweise. Der Lohn der gemeinen Handarbeit ist die bestimmende Grundlage für die Vergütung aller anderen qualifizierten Arbeit in der menschlichen Gesellschaft. Steigt die Vergütung für die gemeine, physische Arbeit, so mufs auch überall und immer die für die qualifizierte Arbeit steigen.

Unter qualifizierter Arbeit versteht man die Arbeit, der eine Schulung, ein Lehren und Lernen vorausgegangen ist; unter nicht qualifizierter Arbeit die, die ohne solche Schulung geleistet werden kann und geleistet wird. Diese Unterscheidung hat keine festen Grenzen. Man wird auch in Bezug auf nicht qualifizierte Arbeit nur das Arbeit, d. h. Thätigkeit, die auf ein bestimmtes äufseres Ziel gerichtet ist, nennen, wo in der Leistung das Ergebnis einer gewissen Schulung — mag der Grad dieser auch noch so gering sein, — einer gewissen Arbeitskraft und Arbeitsintensität zu tage tritt. In der Wirklichkeit kann man daher auch von der einfachsten, mechanischen Verrichtung kaum bestimmt sagen, ob sie der einen oder anderen Gruppe zuzurechnen sei, eben so wenig wie man zu einem scharfen Umrisse der Begriffe geistiger und materieller Arbeit gelangen kann. Die Festsetzung nach der Erklärung, dafs jene im Tauschverkehre ein bestimmtes Vielfache dieser bedeute, mag wohl theoretisch genügen, kann aber vollkommen weder in der Theorie noch in der Praxis gelingen. Lassalle baut aber seine Schätzung der qualifizierten Arbeit gerade auf dem Mafse auf, nach dem die nicht qualifizierte Arbeit Entgelt findet, und daher ist dieses Mittel, das eine nach der wirtschaftlichen Bedeutung und Leistung gerechte Auslohnung der vorwiegend geistigen und die Produktion leitenden Arbeit herbeiführen soll, für die Praxis wertlos, und seine Voraussage, dafs die Auslohnung der einen Art der Arbeit mit der der anderen steigen müsse, will in dieser allgemeinen Fassung wenig bedeuten. —

Das, was Lassalle beseitigen will, und wogegen sich im Grunde seine Kritik allein richtet, ist das arbeitslose Einkommen, die, wenn man so sagen darf, Monopolisierung der Arbeitsmittel in den Händen einer Klasse. Dieses Einkommen entspringt aus der Kapitalprämie, von der er einen Teil, den Unternehmergewinn, einer genaueren Untersuchung unterwirft, wobei er die Stellung des einzelnen Unternehmers, sowie des Unternehmerstandes zu der nationalen Produktion und Verteilung charakterisiert.

Pierstorff ist es gewesen, der zuerst Klarheit über die Geschichte und Kritik der Theorie vom Unternehmergewinn verbreitet hat, indem er auseinandersetzte, wie sich die Theorie entwickelte, und wann und warum die kritische Richtung notwendig einsetzte, nachdem die aufgestellten Meinungen mit den Thatsachen mehr und mehr in Widerspruch geraten waren. Er hat ferner darauf aufmerksam gemacht, wie man von seiten dieser kritischen Theoretiker naturgemäfs mehr Wert auf die Erkenntnis der Erscheinungen und Gesetze der Güterverteilung, als auf die der Gütererzeugung legte. Vor allem aber hat Pierstorff in seinem Buche über den Unternehmergewinn[1]) das, was hier in Betracht kommt, untersucht, den Zusammenhang der Theorieen von Rodbertus, Marx und Lassalle, oder vielmehr die Abhängigkeit dieses von jenen in dieser Frage. Die Auffassung von Marx und Rodbertus, auf die auch Lassalle so grofsen Wert legt, tritt hier besonders scharf zu Tage, dafs nämlich alle volkswirtschaftlichen Kategorieen als historische zu betrachten seien, die sich mit der allgemeinen ökonomischen und rechtlichen Entwickelung wandeln. Und die Notwendigkeit einer solchen Wandlung liegt in unserem Falle vor, da Lassalle mit Rodbertus den Unternehmergewinn als ein wirtschaftliches Unrecht darstellt, da er einem „Wertabzuge entspricht, der vermöge des privaten Grund- und Kapitaleigentums den Arbeitern am Ertrage ihrer Arbeit gemacht wird."

Das, wovon Lassalle ausgeht, ist, wie oben schon erwähnt, der Marxsche „Mehrwert", der dem Kapitale zufällt, weil die Arbeit als Ware behandelt und ihrem Preise nach von den Erzeugungskosten bestimmt ist. Den Unternehmergewinn als einen Teil des Kapitalgewinns hat Marx nicht ausdrücklich abgehandelt, während Lassalle darauf näher eingeht. Dafs dieser Gewinn nicht der Lohn für die geistige Arbeit des Unternehmers sein könne, sucht Lassalle an

---

[1]) Julius Pierstorff: Die Lehre vom Unternehmergewinn, Berlin 1875 S. 198 ff.

einem Beispiele nachzuweisen, wo die Kapitalbesitzer und die geistigen Leiter einer Unternehmung verschiedene Personen sind, nämlich an der Bilanz der Cöln-Mindener Eisenbahngesellschaft. Das Unternehmen warf im Jahre 1862 an Dividenden ab 3 367 521 Thaler, die Vergütung für die oberste Geschäftsleitung durch die Direktoren etc. aber betrug 12 275 Thaler, ein Betrag, der zu geringfügig ist, als dafs er überhaupt ins Gewicht fiele. Im Gegensatze zu Rodbertus rechnet Lassalle also den **Lohn** des Unternehmers vom **Unternehmergewinne** ab, aber Pierstorff macht dem gegenüber geltend, dafs man von der Konstellation der Dinge im Kreise einer Art von Unternehmungen, wie der Aktiengesellschaften, nicht auf die überwiegenden Fälle schliefsen könne, wo der Unternehmer selbst wirtschaftlich thätig sei.

Lassalle abstrahiert bei seiner Untersuchung der Ursachen der Einkommensverteilung von dem einzelnen Unternehmer und der einzelnen Unternehmung; er geht von dem ganzen Stande als einer solidarischen Gruppe aus. „Dieser ewige Betrug des Marktpreises kann sehr unangenehme und ruinierende Folgen für den einzelnen Unternehmer oder Kapitalisten haben. Der einzelne Kapitalist oder Unternehmer kann mit seiner Ware auf dem Markt sein und genötigt sein, loszuschlagen, wenn der Pendel nach unten geht, und er kann nicht auf dem Markt sein, wenn der Pendel wieder nach oben geht. Allein dies betrifft nur den **einzelnen** Unternehmer oder Kapitalisten, nie den **Unternehmerstand** oder das **Kapital**, welches gerade, indem es die kleineren Unternehmer und Kapitalisten während dieser Pendelschwingungen erdrückt und ihre Konkurrenz beseitigt, **das freie Spiel seiner Kräfte** oder die Attraktion des grofsen Kapitals auf das kleine bestätigt.

Für „das Kapital" also gleichen sich jene Pendelschwingungen in ihrem Durchschnitt in das bestimmende Gesetz derselben — die Arbeitszeit — aus.

Keine Stunde Arbeitszeit, kein Schweifstropfen eines Arbeiters also, der dem Unternehmerstand oder dem Kapital im Preis der Produkte verloren geht. Es wird ihm alles, Tropfen bei Tropfen vom Konsumenten ausgezahlt." [1]

Bernstein selbst erklärt den Schlufssatz für unhaltbar, da der gesellschaftliche Bedarf keine fixe Gröfse, sondern selbst den gröfsten Schwankungen unterworfen sei, die Anschauung Lassalles aber, den

---

[1] Bastiat-Schulze, S. 195 (Bernsteinsche Ausgabe).

Unternehmerstand als Ganzes zu betrachten, bleibt richtig, wenn auch nicht in seinen Beziehungen zur Produktion, die ihm Lassalle beilegt. Die Meinung, als ob die Produktion ein — so zu sagen — in sich selbst funktionierendes System sei, in dem ein bestimmter Produktionsertrag erzielt wird, von dem der Gesamtheit der Unternehmer ein bestimmter Teil zufalle, der nur kraft der Wirkung der Konkurrenz in verschiedener Höhe an die einzelnen repartiert werde; die Anschauung, dafs in diesem System der Unternehmerstand gar keinen Anteil an der Bewegung und Richtung der Produktion habe, ist falsch. Lassalle leugnet hier, was Rodbertus trotz seiner ebenso scharfen Kritik des Unternehmergewinnes anerkennt, die, wie Pierstorff sich ausdrückt, kulturhistorische Bedeutung des Unternehmertums. Rodbertus bestreitet nur die Gerechtigkeit der heutigen Produktionsgestaltung, nicht aber die thatsächliche Wirksamkeit des Unternehmertums in dieser Ordnung.

Lassalle hat sich implicite später in Bezug auf diese Auffassung selbst widerlegt, indem er sich bei der Aufstellung seines Planes zur Umwandlung des privatwirtschaftlichen in ein gemeinwirtschaftliches Produktionssystem genötigt sieht, einen Teil der Aufgaben, die dem Unternehmer zufallen, auf besondere Organe zu übertragen. Es sollen (siehe unten) Zentralkommissionen die Feststellung der Gröfse und der Richtung der notwendigen Produktion übernehmen, Mitteilungen über die Geschäftslage sammeln, und, wenn dies nötig wird, ganze Produktionszweige an günstigere Orte versetzen. Alle diese wichtigen Kalkulationen, die die Stetigkeit der Produktion verbürgen, gehören in die privatwirtschaftliche Organisation, in den Bereich der Unternehmerthätigkeit. —

Die Betrachtung des Unternehmertums als einer solidarischen Klasse in Bezug auf das, aus der nationalen Produktion erwachsende Einkommen, hat schliefslich auch die Folge, dafs, wie aus der oben angeführten Stelle hervorgeht, Lassalle zu der Erkenntnis kommt, dafs das Risiko kein Grund zum Bezuge dieses Einkommens ist.

Pierstorff bemerkt, dafs die Betrachtungsweise des Unternehmerstandes bei Lassalle als einer geschlossenen Klasse volkswirtschaftlich richtig ist, dafs aber gerade hiermit Lassalle seine Behauptung von ihrer Überflüssigkeit selbst widerlegt, denn dann versieht der Unternehmerstand eben bei der Produktion thätig ein Amt. Pierstorff steht mit dieser Anschauung auf der Seite von Rodbertus und Schäffle, wenn er schreibt: „Indessen ist das Wesentliche und Bedeutsamste an seiner (Schäffles) ganzen Auffassung, die bemerkenswerte Thatsache, dafs er in dem Kapitalbesitze nicht allein und in erster Linie den blofsen Besitz, sondern vor allem die Berufung zu einem wirtschaftlichen und gesellschaftlichen Amte erblickt und den Kapitalgewinn als eine Prämie dieses volkswirtschaftlichen Berufes bezeichnet. Den gesellschaftlichen, universellen und gemeinsamen Charakter der Produktion sehen wir auch bei Schäffle in der wirksamsten Weise betont und die auch uns unumstöfslich erscheinende Auffassung aufrecht erhalten, wonach weder für das Kapital, noch endlich für die Unternehmerthätigkeit ein bestimmter, mefsbarer Anteil am Erfolge der Produktion nachweisbar ist, der geradezu einem von diesen Faktoren zugeschrieben zu werden vermöchte, da doch keines ohne das andere zu produzieren im Stande ist." Schäffles Auffassung kulminiert in dem Satze: „Nicht das individuell ganz unmefsbare Verdienst, auch nicht das Prinzip der Ermöglichung der höchsten Genüsse für den erwerbtreibenden Kapitalisten oder Lohnarbeiter, sondern Sicherung des fruchtbarsten Produktionsdienstes im Interesse der Gesellschaft kann als das mafsgebende volkswirtschaftliche Prinzip des Kapitalprofites und des Lohnes angesehen werden."

Gegen alle sozialistische Kritik des Kapitals ist prinzipiell das einzuwenden, dafs sie auf der unbewiesenen Voraussetzung fufst, der ganze Produktionsertrag sei Ertrag der Arbeit des Arbeiters, dafs das Privatkapital in der Form der privaten Unternehmung nicht mitwirke bei der gesellschaftlichen Produktion. Und was das Verhältnis von Kapitalprofit und Arbeitslohn anlangt, so ist infolgedessen auch nicht der Kapital- und Unternehmergewinn als solcher anzufechten, sondern nur das Verhältnis in dem der Produktionsertrag auf das Kapital und den Arbeitslohn verteilt wird. — Zu einer befriedigenden Auseinandersetzung des Kapitalbegriffes wird man überhaupt nicht kommen, wenn man, wie dies bei Marx und Lassalle geschieht, die wirtschaftlich-technische Funktion und Bedeutung des Produktivkapitals von der Untersuchung vollständig ausschliefst, und sich auf die Darlegung der Wirkungen des Erwerbskapitals beschränkt und auch dies nur insoweit, als es sich um die Verteilung des, aus seiner Anwendung fliefsenden Ertrages der Produktion auf die in der Produktion mit wirkenden Faktoren handelt.

Die von Lassalle verfochtene Anschauung über den Unternehmerstand und seine Stellung in der nationalen Produktion hängen eng zusammen mit seinen Ausführungen über den Weltmarkt, wo der „Zufall Ball spielt und die Menschen seine Bälle sind." „Die Konjunktur und die Spekulation beherrschen jede individuelle Existenz um so intensiver, je mehr ihre Arbeit darin besteht, **gesellschaftliche** Tauschwerte zu produzieren. Dafs gerade die gescheidteren Spekulanten häufig Schiffbruch erleiden, liegt daran, dafs zu jeder Zeit die Summe der nicht wifsbaren Umstände unendlich die Summe der wifsbaren überwiegt. Je richtiger und genauer die Schätzung der wifsbaren Umstände ist, auf welchen der verständige Spekulant seinen Kalkül aufbaute, desto gröfser ist die Wahrscheinlichkeit, dafs die unendlich überwiegende Summe der nicht wifsbaren Umstände das Resultat verändern wird. Je richtiger, schärfer und genauer den ihm bekannten Umständen angepafst also der Verstandeskalkül des Spekulanten, um so mehr hat er im Allgemeinen die Wahrscheinlichkeit gegen sich.

Das beständige, machtlose Ankämpfen der Unternehmer gegen das grofse Kapital, die fortwährende Umänderung ihrer Eigentumsverhältnisse durch gesellschaftliche Verhältnisse, die völlig aufserhalb ihrer Zurechnungsfähigkeit und ihres Handelns liegen, der **Verlust**, welcher in den Unternehmerspekulationen als Strafe der **richtigen** Berechnungen, der Gewinn, welcher den falschen folgt, ist das Ergebnis und die Fortbildung eines Zustandes, wo jeder sein nennt, was nicht Resultat seiner Arbeit ist! —

Die reinste Erscheinung des Zustandes, wo Eigentum Fremdtum geworden ist, zeigen die Agiotage, die Börse, die Vermögensanlage in Aktien, Staats- und Creditpapieren überhaupt. Durch jedes Ereignis in der Türkei und in Mexiko, durch jede verlogene Depesche, durch jede Anleihe in London, durch die Getreideernten am Mississippi und die Goldminen in Australien — kurz, durch jedes objektive Ereignis, durch lauter rein objektive Bewegungen der Gesellschaft als solcher wird täglich auf der Börse das Mein und Dein der Individuen bestimmt und festgestellt." — Über die **Grundrente** finden sich bei Lassalle nur gelegentliche Äufserungen, und auch diese nur in seinen Briefen an Rodbertus, sie zeigen aber, dafs er auf dem Standpunkte Ricardos verharrt, wenn er auch dessen Ansicht über die geschichtliche Entstehung der Grundrente verwirft.

Es bleibt uns übrig, einen wichtigen Gegenstand noch zu behandeln, die **Lehre von der Enteignung**, die Lassalle nach völlig originalen Gesichtspunkten dargestellt hat, wobei er zu den oben angeführten Grundsätzen gelangt.

Um den Gedankengang Lassalles und die Bedeutung der entwickelten Sätze recht verstehen zu können, ist es notwendig, sie etwas eingehender darzustellen.

„Das Individum kann durch seine Handlungen, durch einseitigen oder zweiseitigen Vertrag, sich oder anderen Personen Rechte nur sichern, wenn und insoweit die bestehenden Gesetze dies erlauben. In diesem Satze ist schon von selbst der Folgesatz enthalten: Das Individuum kann sich und anderen nur insoweit und auf so lange Rechte sichern, insoweit und so lange die jederzeit bestehenden Gesetze diesen Rechtsinhalt als einen erlaubten ansehen.

Mit anderen Worten: wir haben hier den Gedankengrund der zerstörenden und dennoch von jeder Rückwirkung freien Einwirkung prohibitiver oder zwingender Gesetze auf frühere Verträge vor uns, und es ist gegenwärtig unsere Aufgabe, die Rechtmäfsigkeit dieser Einwirkung, die begrifflichen Grenzen derselben und ihre Übereinstimmung mit unserer Theorie der individuellen Willensfreiheit näher zu entwickeln.

Diese Rechtmäfsigkeit und — was damit zusammenfällt — die Nichtverletzung des Begriffes der rechtlichen Willensfreiheit ist aber durch den einen Satz erwiesen, dem seine Begründung sofort auf dem Fufse folgen soll, dafs jedem Vertrage von Anfang an die stillschweigende Klausel hinzuzudenken ist, es solle das in demselben für sich oder andere stipulierte Recht nur auf solange Zeit Geltung haben, solange die Gesetzgebung ein solches Recht überhaupt als zulässig betrachten wird. Und diese Klausel ist um so mehr in jeden Vertrag als die eigene Willenserklärung der Parteien hineinzudenken, als ein entgegengesetzter Wille derselben ein von Haus aus unrechtlicher und ungültiger wäre.

Die Begründung ist einfach. Die alleinige Quelle des Rechtes ist das gemeinsame Bewufstsein des ganzen Volkes; der allgemeine Geist. Die streng logisch notwendige Folge dieses Satzes ist die: dafs es für das Individum rechtlich unmöglich ist, die Gemeinschaft mit dieser alleinigen Substanz des Rechtes aufzugeben, seinen Zusammenhang mit ihr zu zerreifsen und sich gegen ihren Wandel festhalten zu wollen. Eine solche Absicht des Individuums würde, statt rechtlich in Betracht zu kommen, vielmehr das absolute Unrecht bilden, den Rechtsbegriff selbst aufheben. Denn dieser besteht eben nur in dieser Gemeinschaft, besteht nur darin, dafs das, was jederzeit den absoluten Inhalt des allgemeinen

Bewufstseins bildet, auch für alle einzelnen da und vorhanden sei.

Ein zeitweilig bestehendes Gesetz stellt einen Rechtsinhalt als einen erlaubten hin. Das Individuum kann denselben erwerben, d. i. zu dem seinigen machen und fordern, dafs dieser Rechtsinhalt für es bestehe, solange irgend die Gesetzgebung denselben als einen erlaubten und zu erwerbenden zuläfst. Aber was sie dem einzelnen nicht zugestehen kann, ist dies, das zeitweilig bestehende Gesetz zu dem für ewige Zeiten, trotz aller späteren ausschliefsenden Gesetze, für ihn bestehenden und ihn regierenden Gesetz zu proklamieren. Es heifst dies durch die Kraft der Logik gar nichts anderes, als: sich selbst zu dem eigenen Gesetzgeber erklären, indem man durch eigene Machtvollkommenheit ein Gesetz über die Zeit seiner Dauer hinaus und in die Zeit der diesen Rechtsinhalt ausschliefsenden, prohibitiven Gesetze hinein als noch mafsgebend und verbindlich kontinuieren will. Es braucht aber dieser Anspruch nur auf diese seine logische Natur zurückgeführt zu werden, um seine ganze Nichtigkeit, sein totales Verstofsen gegen den Rechtsbegriff selbst, und sein ebenso rechtswidriges als unsittliches Zerreifsen des Zusammenhanges mit der alleinigen Substanz alles Rechtes, dem allgemeinen Bewufstsein, blofszulegen."[1]) „Savigny stellt die Forderung auf, dafs bei der Aufhebung solcher Rechtsinstitute, die sich auf fortwährende Rechtsverhältnisse beziehen, eine ‚wahre vollständige Entschädigung‘ des Berechtigten‘ geleistet werde. ‚Jeder wahre politische oder volkswirtschaftliche Zweck‘, sagt er, ‚wird durch die Ablösung mit Entschädigung vollständig erreicht, ohne Bereicherung des einen Teils auf Kosten des anderen, die durch die Natur solcher Gesetze auf keine Weise zu rechtfertigen ist.'

Auf diese allgemeine Behauptung mufs zunächst erwidert werden, dafs es gar keinen gröfseren Irrtum gibt, als diese Annahme eines angeblichen Rechtes auf Entschädigung in den gedachten Fällen.

Dies ergibt sich mit unvermeidlicher logischer Notwendigkeit aus der von uns entwickelten Theorie. Das Recht konnte selbst durch Vertrag von Haus aus von dem Individuum mit Gültigkeit nur stipuliert werden bis zu dem Tage, wo das allgemeine Dasein eines solchen Rechtes auf ein es negierendes und für unmöglich erklärendes Bewufstsein des öffentlichen Geistes stofsen würde. Das Recht hat gegolten, so lange es gelten konnte und sollte. Jener Tag des Ver-

---

[1]) System der erworbenen Rechte, Bd. I S. 193 ff.

hängnisses, der Tag, der von Haus aus dem Akte vorherbestimmten Notwendigkeit, ist nun eingetreten — und alles ist gesagt.

Die Grenze, bis zu welcher das Recht gelten sollte und konnte, ist erreicht, und es ist daher hier logisch und juristisch weder Raum noch Grund denkbar für eine Entschädigung. — Es gibt hier nichts zu entschädigen. Denn es ist hier dem Einzelnen nichts genommen worden, was, wie bei der Expropriation, noch ferner als ein rechtmäfsiges Eigentum anerkannt würde. Man mufs genau darauf achten, was durch den neuen geistigen Inhalt des Bewufstseins wirklich prohibiert und ausgeschlossen wird: ob das Rechtsverhältnis selbst oder nur ein bestimmter Modus seiner Ausübung.

Ein Recht qualifiziert sich juristisch nicht blofs durch den Eigentumsinhalt oder die Forderung, auf die es einen Anspruch gewährt, sondern ebenso auch durch die Beschaffenheit des Rechtstitels selbst, aus welchem der Anspruch fliefst. Erst beides zusammen qualifiziert das wirklich bestimmte Recht. Ich kann dieselbe Summe Geldes, dasselbe Quantum Naturalien, dieselben Dienstleistungen zu fordern haben. Aber es fragt sich, ob ich sie auf einen Kauf- oder Nutzniefser, oder emphyteutischen Titel u. s. w., auf einen Titel kontraktlicher oder gesetzlicher Nutzniefsung, auf einen dinglichen oder obligatorischen, auf einen lästigen oder unentgeltlichen Titel u. s. w. zu fordern habe. Die juristische Bestimmtheit des wirklichen Rechts tritt also erst durch die Hinzunahme des Rechtsgrundes zu dem Inhalt und Objekt des Rechts hervor.

Ist nun die negative Wendung des neuen Bewufstseins die totale, dafs nach ihm einerseits ein bestimmtes dingliches oder obligatorisches Recht von seiner Fortexistenz ausgeschlossen ist und anderseits zugleich aus diesem Rechtsgrunde (z. B. aus herrschaftlichen Rechten) überhaupt keinerlei Recht auf den Gegenstand des bisherigen Rechtes mehr entstehen können soll, — so tritt die oben entwickelte Folge ein, und von Entschädigung kann keine Rede sein.

Geht aber die Prohibition des neuen Bewufstseins nur so weit, dafs aus diesem Rechtsgrunde allerdings noch Rechte und zwar auch Rechte auf das bisherige Rechtsobjekt (resp. auf ein Rechtsobjekt derselben Art) entstehen können sollen, nur nicht die bestimmte, bisher gewählte Art der Rechtsbefriedigung wegen besonderer Schädlichkeit oder Unstatthaftigkeit derselben (z. B. keine dinglichen Rechte mehr, wohl aber obligatorische u. s. w.) — so mufs nun allerdings eine Umwandlung eintreten. Diese kann und wird oft die Form einer Entschädigung haben. Aber dies ist nur ihre täuschende Aufsenseite. In der That ist sie nur eine Umwandlung, d. h. eine Überleitung des noch als wirksam anerkannten Rechtsinhalts aus der prohibierten Art seiner Befriedigung in eine unprohibierte. Diese Umwandlung mufs eintreten und zwar aus dem sehr einfachen Grunde, weil ja nicht mehr aufgehoben werden darf, als durch die Anschauung des neuen Rechtsbewufstseins wirklich prohibiert ist. Von einer Entschädigung als solcher ist dabei, auch wenn sie in Geld gezahlt wird, in Wahrheit gar nicht die Rede. Es wird blofs nicht mehr unterdrückt, als eben durch den jetzigen Stand des öffentlichen Geistes unterdrückt werden soll, und somit tritt logisch von selbst, blofs durch die Nichtprohibition, die in dieser Hinsicht vorliegt, der erlaubte Modus der Befriedigung an Stelle des prohibierten, Abgabe vom Reinertrag an Stelle der Abgabe vom Rohertrag, Geldabgabe an Stelle der Naturalabgabe u. s. w."[1])

Man sieht unschwer ein, dafs in den oben mitgeteilten Sätzen nichts weniger als die ganze Geschichtsphilosophie und Kapitalkritik Lassalles verborgen liegen, und dafs diese Anschauungen auf ökonomischem Gebiete von der gröfsten Tragweite sind, insofern hier das Vorhandensein eines ausschliefslichen Privateigentums geleugnet ist und über die Ausdehnung des individuellen Rechtes schliefslich das allgemeine Rechtsbewufstsein des Volkes entscheidet. v. Scheel bemerkt,[2]) dafs das „System der erworbenen Rechte" in keinem unmittelbaren Zusammenhange mit der sozialistischen Thätigkeit Lassales stehe. Nach dem Angeführten ist wohl kaum zweifelhaft, dafs dieser Zusammenhang wohl vorhanden ist, und dafs der Einflufs dieser Studien scharf hervortritt in allen späteren Reden und Schriften. —

Das „System der erworbenen Rechte" erfuhr nach seinem Erscheinen eine grofse Menge von Kritiken, u. a. von H. v. Sybel, F. A. Lange, Lorenz v. Stein. Von ihnen erscheint eine besonders erwähnenswert, die von Michelet in der Zeitschrift „Der Gedanke" 1862 veröffentlicht wurde. Michelet gibt zu, dafs die fortschreitende Verminderung des Privateigentums auf einer positiven Vermehrung und Erweiterung des menschlichen Freiheitsbegriffes beruht, demnach nur die Privatwillkür eingeschränkt wird. „Aber," fährt er fort, „nun scheint es mir doch, dafs, wenn das Privateigentum sich

---

[1]) System der erworbenen Rechte, Bd. I S. 224 ff.
[2]) Schönbergs Handbuch, 3. Aufl. I. Bd. Seite 125.

immer mehr auf seine Sphäre beschränkt und nicht auf unveräufserliche und öffentliche Rechte ausgedehnt wird, es zu immer gröfserer Freiheit durchbricht und nur falsche Privatrechte, nicht wahre, also nur der Umfang des Unrechtes, nicht der des Eigentumes eingeschränkt werde."

„Gehen wir an die einzelnen Beispiele, so schlägt die Dialektik der Eigentumsverminderung in eine Eigentumserweiterung um; man braucht nur seine Aufmerksamkeit vom bisher Berechtigten, den Lassalle allein ins Auge fafst, und der unrechtmäfsige Eigentumsrechte besafs, auf den bisher Verpflichteten zu richten, welchem dadurch rechtmäfsige entzogen wurden. Wenn der Sklave, Leibeigene u. s. w. frei wird, erringt er das ausschliefsliche Privateigentum auf seinen Leib, seine Arbeitskräfte, wie es auch in der Vernunft begründet ist. Die Sphäre des Privateigentums erweitert sich also — weil es immer freier wird. Ebenso wird der Kommunismus des geteilten Eigentums im Lohnrechte dadurch aufgehoben, dafs jeder der beiden Teilnehmer zum freien Eigentümer erwächst. Sind Fideikommisse für den Stifter wohl eine Erweiterung der Willkür, über das Eigentum seines Erben auch widerrechtlich zu verfügen, so bleibt die Aufhebug der Fideikommisse doch immer die Wiederherstellung des freien Privateigentums des jedesmaligen Besitzers. Sind Monopole, Zünfte, Zwangs- und Banngerechtigkeiten Kommunismus, weil sie die Ausbeutung des Volkes durch eine bevorzugte Klasse sind, so ist die Konkurrenz das frei gewordene Eigentum auf meine eigene Arbeitskraft. Ja, ist das Privateigentum einer Familie auf den öffentlichen Willen einer Nation nicht eine Beschränkung des Eigentumsrechtes dieser Nation, die ein ausschliefsliches Privateigentum an ihrem Willen erst mit dem Aufhören des Rechtes jener bevorzugten Familie erhält?"[1]

Eugen Dühring sagt über den Schlufssatz der Lassalleschen Entwickelung, dafs der Gedanke wohl zutreffe, soweit es sich um patriarchalische Familienrechte und um eine ähnliche oder feudale Herrschaftsübung handle; dafs aber dieser Vorgang keineswegs die Geschichte als ein Schema beherrsche und mit dem Schicksale des ökonomisch erheblichen Eigentums und der Vermögensrechte wenig zu schaffen habe. Auch Diehl ist der Ansicht, dafs Lassalle eine einseitige Behauptung aufgestellt habe. Seine Sätze haben, wie er

---

[1] Diese Kritik richtet sich gegen die, für uns vor allem in Betracht kommende Anmerkung auf S. 159 I. Bd. des „Systems der erworbenen Rechte".

ausführt, nur insofern Richtigkeit, als allerdings aus Kulturinteresse solche Arten von Eigentum, die einer höheren, sittlichen Auffassung widersprechen, abgeschafft werden, z. B. vor allem das Eigentum am Menschen, das man noch im alten Rom kannte und das dann später immer mehr abgeschwächt, schliefslich ganz beseitigt wurde. Es zeigt gerade diese Entwickelung wieder, wie vielfach die Kultur- und Gesellschaftsinteressen bei der Gestaltung des Eigentums beteiligt sind, dafs sehr gut Einengung und Ausdehnung des Eigentumsrechtes neben einander hergehen können. Ebenso verträgt es sich vollständig mit der elastischen Natur des Eigentumsrechtes, dafs solche Eigentumskategorieen, die im volkswirtschaftlichen oder sozialpolitischen Interesse ungünstig wirken, der Sphäre des Privateigentums entzogen und in Gemeineigentum übergeführt werden.

All dem gegenüber hat aber Menger,[1]) als er von dem Zusammenhange der Nationalökonomie und der Rechtsphilosophie handelte, auf das Verdienst Lassalles in methodologischer Beziehung hingewiesen, das in dem Versuche liegt, seine Forderungen in Bezug auf die Umwandelung der Produktion und der Verteilung rechtsphilosophisch zu begründen. Der Weg, volkswirtschaftliche Verhältnisse durch rechtsphilosophische Deduktionen zu klären, verspricht Erfolg, mag auch immerhin sonst seine Untersuchung über das Wesen des römischen und germanischen Erbrechtes mifslungen sein.[2]) In der That ist doch das Rechtssystem eines Volkes ein klarer Ausdruck seiner ökonomischen Entwickelung, die es durchgemacht und wiederum der gesellschaftlichen Gliederung, die diese hervorrufen. Eine Kritik, die die ökonomischen Grundlagen einer Gesellschaft als falsch erkennt, mufs diese Mängel notwendig im Gebiete des Privatrechtes gleichfalls feststellen können und feststellen. Und wenn, nach Menger, das Ideal eines Vermögensrechtes die Verwirklichung des Rechtes auf Existenz und des Rechtes auf den vollen Arbeitsertrag ist, so fordert Lasalle ganz konsequent seiner Entwickelung zur Durchführung der wirtschaftlichen Gerechtigkeit die Gewährleistung des Rechtes auf den vollen Arbeitsertrag.

Wenn wir uns über die sozialökonomische Bedeutung der Zwangsenteignung klar werden wollen, wie sie von Lassalle rechtsphilosophisch begründet worden ist, so wird uns das dadurch leicht gemacht, dafs auf diesen Sätzen von Lassalle Adolf Wagner

---

[1]) A. Menger, Das Recht auf den vollen Arbeitsertrag, Stuttgart 1886.
[2]) Siehe R. von Ihering, Scherz und Ernst in der Jurisprudenz, Leipzig 1891.

nach seiner ausdrücklichen Versicherung eine Lehre der Zwangsenteignung[1]) aufgebaut hat, die wir deshalb hier im Anschlufs zu betrachten haben.

Die Zwangsenteignung tritt nach Ad. Wagner überall da ein, wo „wohlerworbene Privatrechte zwangsweise entweder ganz aufgehoben oder an Dritte im öffentlichen Interesse abgetreten oder beschränkt werden." Man versteht unter Zwangsenteignung also „das Rechtsinstitut, durch welches die vom öffentlichen Interesse verlangte Verteilung der individuellen Kapitalien und Grundstücke unter die Einzelwirtschaften in der durch die Entwickelung des Volkslebens erforderten Weise mittelst gesetzlichen Zwanges verändert wird, wo und so weit als diese Veränderung durch den freien Vertrag nicht entsprechend bewirkt werden kann."

Die mit der Entwickelung der Volkswirtschaft notwendig auftretenden Veränderungen in der Verteilung des Eigentums oder des Verfügungsrechtes über das Nationalkapital und den Boden, wie sie sich zeigen vor allem in wesentlichen Umgestaltungen des einzelwirtschaftlichen Produktionsbetriebes oder in solchen der Organisation der ganzen Volkswirtschaft, können in zweierlei Weise vor sich gehen, entweder vertragsmäfsig im freien Verkehre oder mittelst Zwangs gegen den Eigentümer. Wenn auch der Vertrag das naturgemäfse und häufigere Mittel ist, derartige Veränderungen zu realisieren, so hat doch die Erfahrung gelehrt, dafs das zwangsweise Eingreifen des Staates, die Geltendmachung des öffentlichen Interesses gegenüber dem Individuum notwendig ist. Der römisch-rechtliche Begriff des ausschliefslichen Privateigentums ist damit allerdings unvereinbar und mufs daher, wenn diese Sätze richtig sind, eingeschränkt werden. Der Begriff des „öffentlichen Interesses" ist dabei in dem Sinne zu fassen, dafs es da als vorhanden anzusehen ist, wo „eine der beiden genannten Hauptveränderungen im volkswirtschaftlichen Produktionsprozesse" zu unterstützen sind, wenn diese Veränderungen „als wesentliche Bedingungen für die Fortentwickelung des Volkslebens anerkannt werden", die aber dennoch auf dem Wege des Vertrages nicht erfüllt werden können oder erfüllt werden.

Wenn auch das allgemeine Prinzip der Begründung und Begrenzung des Enteignungsrechtes feststeht, so wird doch faktisch jedes Zeitalter, bez. jede ökonomische Entwickelungsstufe ein anderes Ent-

---

[1]) Adolf Wagner, Grundlegung der politischen Ökonomie, 3. Aufl., II. Teil, 3. Buch, 3. Kapitel. Die Zwangsenteignung.

eignungsrecht haben, da „in den verschiedenen geschichtlichen Phasen der Volkswirtschaft die Zwangsenteignung verschiedene Eigentumsobjekte trifft, je nach der Verschiedenheit des Ziels der ökonomischen und sozialen Entwickelung und je nach der faktischen Ausdehnung des Privateigentums an Produktionsmitteln, an Unfreien, an Kapital, besonders an **Grund und Boden**."

„Das Ziel der jüngstvergangenen Periode der Wirtschafts- und Gesellschaftsgeschichte war die vollständige und freie Ausbildung des privatwirtschaftlichen Systems, das Ergebnis der Sieg des Individualprinzips über das Gemeinschaftsprinzip und eine demgemäfse Organisation der Volkswirtschaft. Die Signatur der Gegenwart und der nächsten Zukunft ist bei uns die Ausdehnung des gemein-, speziell des zwangsgemeinwirtschaftlichen Systems und eine neue technisch-ökonomische Gestaltung des einzelwirtschaftlichen Produktionsbetriebs."

Das Schlufsergebnis ist, wie man bemerkt, bei Wagner das gleiche wie bei Lassalle, und die darin fesgelegte Anschauung ist insofern nicht zu bestreiten, als **absolut** eine Erweiterung des gemeinwirtschaftlichen Systems in der Volkswirtschaft allerdings klar hervortritt, es bleibt aber — und das ist überaus wichtig — zu untersuchen, ob diese Erweiterung auch **relativ** vorhanden ist, oder ob sie nur in dem Mafse stattgefunden hat, als die Lebenszwecke der Menschen im allgemeinen eine steigende Befriedigung erfahren haben.

III.
Das Wahlrecht als Grundforderung der politischen und wirtschaftlichen Reform.

Wenn Lassalle auch niemals die Anwendung radikaler Gewaltmittel, vor allem nie die der unerlaubten Selbsthilfe in seiner Agitation vertreten hat, so war er doch auch kein Freund von halben Maſsregeln. Um den „vierten Stand" zum herrschenden Prinzipe zu machen, bedurfte es gemäſs seiner Auffassung vom Staate einer kräftigen, legitimen Hilfe, die er erreichen wollte mit dem allgemeinen, direkten Wahlrechte, das „vom Volke jederzeit als die allerfundamentalste und wichtigste seiner Forderungen zu betrachten ist." Über diesen Punkt, der nichts anderes besagte, als eine politische Arbeiterpartei zu begründen, war Rodbertus anderer Meinung wie Lassalle. Rodbertus hielt daran fest, daſs eine Arbeiterpartei nur wirtschaftliche Ziele verfolgen solle, und es lohnt vielleicht, die Gründe kennen zu lernen, mit denen Lassalle seine Ansicht verfocht. Schon im kommunistischen Manifeste und im „Elend der Philosophie" fand er sie mit apodiktischer Kürze ausgesprochen: „Jeder Klassenkampf ist ein politischer Kampf!" und gegen die Anschauung, wie sie Rodbertus vertrat, hatte schon Marx eingewendet: „Man sage nicht, daſs die gesellschaftliche Bewegung die politische ausschlieſst. Es gibt keine politische Bewegung, die nicht gleichzeitig eine gesellschaftliche wäre." Lassalle führt nun gemäſs seiner Überzeugung von der notwendigen Unsittlichkeit der herrschenden Klassen aus, daſs die Bourgeoisie nur ihren materiellen Interessen lebt: dem Handel und der Industrie, die zum Gedeihen Ruhe erfordern, weshalb von ihr ein Kampf für die politische Freiheit aller nicht erwartet werden kann, da kein Klasseninteresse, kein materielles Interesse als Federkraft für ein solches Bestreben vorhanden ist. Dieser Kampf wird erst dann gekämpft werden, wenn das soziale Interesse der an Zahl und an Kraft unendlich überwiegenden, unbemittelten Klassen hinter dem Streben nach politischer Freiheit steht. Die materielle Lage dieser Klasse mufs verbessert werden, und das kann nur geschehen durch die Gesetzgebung, durch das Eingreifen des Staates, der die hierzu geeigneten Mittel in seinen Körperschaften zu beraten hat. Dem Arbeiterstande ein legales Mittel zur Wahrung seiner Interessen zu sichern, ist nur durch seine Vertretung in diesen Körperschaften möglich, weshalb sich der Arbeiterstand als selbständige, politische Partei mit der Losung des allgemeinen Wahlrechtes konstituieren mufs. Reform der Verfassung und Einführung der Produktivassoziationen sind ihre Ziele. Das Wahlrecht ist also nicht nur das politische, sondern auch das soziale Grundprinzip des Arbeiterstandes. „Ohne dieses," schreibt Lassalle an Rodbertus, „also ohne eine praktische Handhabe, unsere Forderungen zu verwirklichen, können wir sein eine philosophische S c h u l e oder auch eine religiöse S e k t e, aber niemals eine politische P a r t e i. Zwar wird das Wahlrecht von den Arbeitern zuerst vielleicht nicht richtig benutzt werden, aber es belehrt durch seinen Gebrauch, so dafs schliefslich auch bei dem Arbeiter diese Belehrung kommen wird, denn bei ihm ist das Interesse die Mutter der Einsicht, und das Interesse ist eine fruchtbare Mutter." An einer anderen Stelle schreibt Lassalle: Nach der formell juristischen Seite hin ist die allgemeine und gleichmäfsige Beteiligung aller am Staate, wie sie durch das allgemeine und direkte Wahlrecht gegeben ist, das konsequenteste Prinzip; bezieht man sich dagegen auf den Kulturzweck der Staatsordnung, so müssen Intelligenz und Bildung den Mafsstab für die Beteiligung an der gesetzgebenden Gewalt geben. Die Intelligenz mufs man aus der Freiheit hervorgehen lassen und ihren Mafsstab in den freien Glauben aller an sie setzen. Es gibt nichts der wahren Intelligenz wahlverwandteres als den gesunden Verstand der grofsen Massen — und es gibt nichts organisationsfähigeres als die grofsen Massen.

Man weifs, dafs sich die Hoffnungen, die Lassalle auf das Stimmrecht setzte, nicht erfüllt haben, wenigstens was die Schnelligkeit seiner Wirkung anlangt. Aber als Mittel, eine radikale Verfassungsreform auf gesetzlichem Wege zu vollziehen, war es jedenfalls richtig gedacht, als Mittel, durch die Arbeitervertreter im Parlamente die Umformungen vornehmen zu lassen, die geeignet waren, den Staatsorganismus zur Einrichtung der Produktivassoziationen aufnahmefähig zu machen. In Bezug darauf wird ausdrücklich im „Arbeiterlesebuch" erklärt, dafs unter dem allgemeinen Stimmrechte der Staat jedenfalls ein ganz anderer sein werde als der heutige.

Bei diesen Grundsätzen konnte und mufste das Programm des, von Lassalle begründeten „allgemeinen deutschen Arbeitervereines" (Leipzig, 23. Mai 1863) kurz und klar sein und konnte sich auf eine rein politische Forderung beschränken. Es lautete:

„Der A. D. Arbeiterverein verfolgt den Zweck, auf friedlichem und legalem Wege, insbesondere durch das Gewinnen der öffentlichen Überzeugung, für die Herstellung des allgemeinen gleichen und direkten Wahlrechts zu wirken."

Wir sind berechtigt, das oben Ausgeführte gewissermafsen als die Motive zu diesem Programme aufzufassen, und dann hat Franz Mehring Unrecht[1]), wenn er behauptet, dafs mit der Verleihung des Stimmrechts der erste und der einzigste Zweck des Programms erreicht gewesen sei. —

Die Furcht Rodbertus', dafs sich unter diesem „politischen Programme" auch „soziale Gegner" mit ihm versammeln und die „sozialen" Zwecke des Vereines stören könnten, teilte Lassalle nicht: „sie werden dann durch unsere Masse assimiliert und dienen nur dazu, unsere Macht zu vermehren; sie bilden den unfreiwilligen Anhang für unsere sozialen Zwecke." Wie weit Lassalle für seinen Verein damit Recht behielt, ist schwer festzustellen, sein Ausspruch pafst aber jedenfalls vortrefflich auf die heutige Sozialdemokratie.

---

[1]) Franz Mehring, Die deutsche Sozialdemokratie, Bremen 1879.

IV.
Die Assoziation der Arbeiter.[1]

Lassalle ist weit entfernt, die sociale Frage „lösen" zu wollen, er will die Lage der arbeitenden Klassen **dauernd** verbessern und zu der Überführung der Gesellschaft in einen Zustand wirtschaftlicher Gerechtigkeit **Übergangsmafsregeln** schaffen, wenn er auch von diesen mit einem nicht gerade sehr glücklichen Bilde sagt, dafs sie „der kleine Finger sind, der mit der Konsequenz des sich selbst entwickelnden Lebens" in etwa zwei Jahrhunderten eine prinzipielle, endgültige Lösung der „sozialen Frage" herbeiführen wird.[2]

Die leichteste und mildeste Übergangsform zu seinem Zukunftsstaate scheinen Lassalle die **Produktivassoziationen mit Staatskredit** zu sein, die nicht mit Gewalt, sondern mit Mäfsigung, mit Weisheit und Ordnung und **allmählich** eingeführt werden müssen.[3] Nach seiner Meinung gehört die Diskussion über diesen

---

[1] Mit Rücksicht darauf, dafs der in diesem Kapitel dargestellte Gegenstand meist mit ungenügender Quellenkenntnis behandelt wird, gebe ich die Belegstellen nach der Newyorker Ausgabe der Lassalleschen Schriften an.

[2] Briefe von Ferd. Lassalle an Karl Rodbertus-Jagetzow, herausgegeben von Adolf Wagner, Berlin 1879, Seite 41 u. 71.

[3] Erwiderung auf eine Rezension des Bastiat-Schulze in der Kreuzzeitung, Seite 432. — Allerdings schreibt er in derselben Erwiderung (S. 426): „Welche Entwickelung und Stellung der vierte Stand zu der bestehenden Staats- und Gesellschaftsordnung einnimmt, hängt notwendig davon ab, welche Stellung die Träger der bestehenden Staats- und Gesellschaftsordnung zu ihm einnehmen werden. Fahren diese Träger fort, in der bisherigen aktiv und passiv negativen Stellung zu diesem Bedürfnisse zu verharren, so ist dasselbe natürlich hierdurch ohne dies ändern zu können, seinerseits in eine negative Stellung zu der bestehenden Staats- und Gesellschaftsordnung gedrängt und zu einer negativen Entwickelung gezwungen."

Vorschlag allerdings erst in die gesetzgebenden Körperschaften, in die nach Einführung des allgemeinen Wahlrechtes auch die Arbeitervertreter eingezogen sein werden;[1]) gleichwohl hat er, wenn auch nicht ein neues Produktionssystem entworfen, so doch Andeutungen genug gegeben, aus denen man wenigstens die Konturen dieser zukünftigen Produktionsform erkennen kann.

Durch die Produktivassoziationen wird der Arbeiterstand zu seinem eigenen Unternehmer gemacht, und dann fällt jene Scheidung zwischen Arbeitslohn und Unternehmergewinn und mit ihr der blofse Arbeitslohn überhaupt; an seine Stelle tritt vielmehr als Auslohnung der Arbeit: der Arbeitsertrag.[2]) Die Arbeiter müssen sich organisieren und zwar mit Hilfe des Staates, mit Hilfe von Staatsmitteln, denn es ist ja gerade Aufgabe des Staates, die grofsen Kulturfortschritte zu erleichtern und zu vermitteln.[3])

Wie geschieht dies?

Eine deutsche Staatsbank erhält zu diesem Zwecke das Monopol der Notenausgabe. In ihren Kassen liegen beispielsweise 100 Millionen bar in Thalern, dann kann sie — nach dem Erfahrungssatze, dafs niemals mehr als ein Viertel der Banknoten gleichzeitig präsentiert werden — zwecks Gründung von Arbeiterassoziationen 100 Millionen Thaler leicht auswerfen, die als gesetzlich votierte Kredite[4]) und als amortisationspflichtiges[5]) Kapital an Arbeitergenossenschaften verliehen werden. Mit Hilfe dieser Summe können sich zunächst 400 000 Arbeiter assozieren. Bei dem (damaligen) Zinsfufse von 5 % gibt dies Kapital jährlich 5 Millionen Thaler Zinsen, und es können sich damit wieder jährlich 20 000 Arbeiter samt ihren Familien vereinigen, so dafs auf diese Weise im Laufe der Zeit die ganze Arbeiterschaft in Assoziationen zusammengeschlossen würde.[6])

Vorteilhaft beginnt man zuerst mit der Vereinigung der Industriearbeiter, denn indem sich der Lohn der gemeinen Handarbeit ändert, ändern sich auch in organischer Rückwirkung alle Preise der anderen Arbeiten in der menschlichen Gesellschaft. Alle Arbeit teilt sich im allgemeinen in physische und qualifizierte Arbeit, und der Lohn der gemeinen Arbeit ist normierend, d. h.

---

[1]) Arbeiterlesebuch, Seite 41.
[2]) Offenes Antwortschreiben, Seite 19.
[3]) Offenes Antwortschreiben, Seite 21.
[4]) Arbeiterlesebuch, Seite 42.
[5]) Bastiat-Schulze, Seite 394.
[6]) Arbeiterlesebuch, Seite 43.

bildet die bestimmende Grundlage für die Vergütung aller anderen, qualifizierten Arbeiten in der menschlichen Gesellschaft.[1]) Die qualifizierte Arbeit muſs überall und immer in demselben Verhältnisse mit der Vergütung der gemeinen, der gewöhnlichen, der physischen Arbeit steigen.[2]) Von dem ländlichen Arbeiter wird man bei der ersten Organisation am besten absehen deshalb, weil er sich — und sollte er auch nur seinen Getreideacker mit Hacke und Spaten bearbeiten — dennoch einbildet, noch ein Eigentümer zu sein; er ist noch nicht disponiert zur Assoziation; die Bereitwilligkeit hierzu kann nicht erzwungen werden, sie kann vielmehr nur dadurch entstehen, daſs der ländliche Arbeiter groſse Erfolge bei den industriellen Arbeitern sieht.[3]) Die Assoziationen beginnen nun in solchen Industriezweigen, die sich durch ihre Natur, indem sie verhältnismäſsig die stärkste Arbeiterzahl beschäftigen, am meisten zur Assoziation eignen. Sie würden zu beginnen haben in solchen Distrikten und Lokalitäten, welche durch die Art ihrer Gewerbsthätigkeit, durch die Dichtigkeit ihrer Bevölkerung, sowie durch die freie Disposition derselben zur Assoziation — alles drei in der Regel zusammenfallende Momente — vor den anderen sich zur Assoziation eigneten.[4])

Jeder Produktionszweig (jedes Gewerbe etc.) eines Ortes bildet so eine **Assoziation**, aber auch **nur eine**, da nur für diese eine Staatskredit bewilligt wird.[5]) Die sämtlichen Assoziationen **eines** Produktionszweiges des Landes treten zu einem **Assekuranzverbande** zusammen, der etwaige Geschäftsverluste durch ihre Verteilung bis zur Unmerklichkeit ausgleicht.[6]) Alle Assoziationen überhaupt bilden zusammen einen **Kreditverband**.

In dieser Organisation sollen den Arbeitern ihre individuelle Freiheit, individuelle Lebensweise und individuelle Arbeitsvergütung gewahrt bleiben.[7]) Jeder Assoziation steht ein Gerant vor, der für die gesamte Geschäftsführung mehr oder weniger unbeschränkte Befugnisse hat. Diese kann man ihm ruhig erteilen, da der Arbeiter sehr wohl Disziplin zu ertragen und die Autorität anzuerkennen weiſs.[8])

---

[1]) Arbeiterlesebuch S. 53.
[2]) Ebenda, S. 54.
[3]) Ebenda, S. 52/53.
[4]) Offenes Antwortschreiben, S. 23, Anmerkung.
[5]) Bastiat-Schulze, S. 396.
[6]) Offenes Antwortschreiben, S. 24.
[7]) Ebenda, S. 21.
[8]) Briefe an Rodbertus, S. 42/43; ferner oben S. 66.

Die beiden Gegensätze, die unsere Staatsmänner bisher für unvereinbar betrachteten, deren Vereinigung sie für den Stein der Weisen hielten, Freiheit und Autorität — die höchsten Gegensätze, die sind aufs Innigste vereinigt in unserem Vereine (dem allgemeinen Deutschen Arbeitervereine), welcher so nur das Vorbild im kleinen unserer nächsten Gesellschaftsform im grofsen darstellt.[1]) Im übrigen würde die technische und geschäftliche Leitung dieser Assoziationen nicht von der, heute bestehender, grofser Privatinstitute abweichen, da auch sie Geschäftsleiter, Fabrik- und Betriebsdirektoren, Buchhalter, Kassenführer, kurz geistige Leitung aller Art brauchen, die nach dem oben über das Verhältnis von gemeiner und qualifizierter Arbeit ausgeführten, noch einen höheren Lohn, als heute, erhalten würden.[2])

Wöchentlich wird den Arbeitern zunächst der orts- und gewerbsübliche Arbeitslohn gezahlt, und am Schlusse des Jahres der Geschäftsgewinn des Vereins als Dividende unter sie verteilt.[3]) Es mufs in dieser Art eine Teilung des Arbeitsertrages vorgenommen werden, da man den Geschäftsgewinn erst am Schlusse des Jahres übersehen kann.[4])

Wird von den Arbeitern mit Staatskapital gegen einfachen Kapitalzins produziert, und der Arbeitsertrag unter die Arbeiter verteilt, so ist schon der Unternehmergewinn abgelöst; wird mit unentgeltlichem Kapitale produziert, so ist auch der Kapitalzins beseitigt und das Kapitaleigentum abgelöst.[5])

Zentralkommissionen sorgen für eine wissenschaftliche Statistik des Produktionsbedarfes [6]), was leicht angeht, da in den Geschäftsbüchern der Assoziationen sich der beste, statistische Nachweis findet für den Konsum, aus dem man den voraussichtlichen, annähernden Bedarf wird berechnen können. Die zur Überproduktion führende Konkurrenz ist aufgehoben, könnte nur noch vom Auslande — also unendlich vermindert — wirken. Endlich wäre dann Überproduktion in Wirklichkeit nur Vorausproduktion, da diese Assoziationen bei ihrem enormen Kredite u. s. w. nicht zum Losschlagen um jeden

---

[1]) Bastiat-Schulze, S. 227. Siehe ferner: „Erwiderung auf eine Rezension etc.", S. 432/33.
[2]) Bastiat-Schulze, S. 398.
[3]) Offenes Antwortschreiben, S. 23, Anm.
[4]) Briefe an Rodbertus, S. 64.
[5]) Ebenda, S. 65.
[6]) Bastiat-Schulze.

Preis genötigt wären.¹) — Den Zentralkommissionen würde wohl auch die Aufgabe zufallen, Mitteilungen zu sammeln und Einsicht in die Geschäftsbücher der Assoziationen zu nehmen, um, falls die eine oder andere nicht gedeihen sollte, die Gründe hierfür festzustellen, und solche Assoziationen, eventuell in, für die Produktion vorteilhaftere Orte zu verlegen.²) — Sobald sich, etwa 20—30 Jahre nach Einrichtung der neuen Produktionsweise, die Produktionsbranchen jeden Ortes zu je einer Assoziation zusammengezogen haben, mufs allmählich der Zwischenhandel aufhören und der Verkauf in, vom Staate angelegten Verkaufshallen (Bazars) besorgt werden.³) — Nicht nur die Produktion und der ganze Arbeiterstand werden durch die Produktivassoziationen in neue Verhältnisse übergeführt, sondern auch der Mittelstand, der „die Verbindung von Kapital und Arbeit" darstellt.

Die organische Kraft der grofsen Industrie einmal gegeben, ist es unmöglich, die noch vorhandenen Reste des Mittelstandes gegen sie in ihrer alten Form zu schützen; aber jene Verbindung von Kapital und Arbeit in einer neuen, in den heutigen entwickelten Verhältnissen der grofsen Industrie begründeten Weise hervorbringen, einen Mittelstand schaffen, der nicht mehr eine Klasse im Volke ist, sondern das Volk selbst umfafst, das Dasein und die Blüte dieses Mittelstandes gerade auf das Wesen der grofsen Industrie selbst gründen, gegen das man ihn vergeblich zu schützen und abzusperren sucht — das scheint Lassalle vor allem befruchtend und — da so die einmal unleugbar historisch vorhandene und sich immer mehr entwickelnde Kraft der grofsen Industrie statt bekämpft zu werden, zum Träger des Zweckes gemacht wird — vor allem historisch.⁴) —

Welche Stellung würde der Staat zu diesen Assoziationen einnehmen?

Nach jenem Assoziationskreditgesetze gewährt er ernsthaften Assoziationen, die gebildet werden sollen, und die gewisse,⁵) von

---

¹) Briefe an Rodbertus, S. 43/44.
²) Bastiat-Schulze, S. 397.
³) Briefe an Rodbertus, S. 80/81. Bezeichnenderweise setzt Lassalle hinter diesen Passus ein „etc. etc." womit er andeuten will, dafs, da über diese Details die Diskussion erst später in den Parlamenten zu geschehen habe, die letzten Konsequenzen zu ziehen, vorläufig nicht nötig sei.
⁴) Erwiderung auf eine Rezension etc. S. 427/28.
⁵) Auch hier begnügt sich Lassalle mit dem unbestimmten, nichtssagenden Ausdrucke.

den gesetzgebenden Körperschaften festgesetzte Bedingungen erfüllen, Staatskredit.¹) — Dem Staate steht aufserdem die Feststellung und resp. Genehmigung der Statuten der Assoziationen und, zur Sicherheit seiner Interessen bei der Geschäftsführung, eine ausreichende Kontrolle zu.²) Die Kontrolle ist also lediglich eine privatrechtliche, der Staat hat Gläubigerrechte. Er würde damit etwa die Stellung und die Rechte eines „stillen Gesellschafters" oder Kommanditärs einnehmen.³)

Eine andere Frage ist die, ob und wie die ländlichen Arbeiter in Assoziationen organisiert werden können, und welchen Vorteil diese bieten? Wie schon erwähnt, will Lassalle für die erste Zeit von einer Landarbeiterorganisation absehen. Erst, wenn durch die bessere Lage der industriellen Arbeiter die Einsicht und Bereitwilligkeit auch der ländlichen Kreise geschaffen ist, kann man mit dieser Organisation beginnen. Dann mufs man aber auch beginnen, da durch die industriellen Arbeiterassoziationen ganz neue Produktionsverhältnisse entstehen, die auch eine Bewirtschaftung des Bodens in organisierter Form ebenso notwendig, als leicht durchführbar machen,⁴) und wodurch eine Quelle der Bereicherung für die ganze Gesellschaft, eine Quelle einer erstaunlichen Vermehrung der gesamten nationalen Produktion herbeigeführt würde.⁵)

Lassalle erklärt sich zunächst gegen die Parzellierung des Grundbesitzes und für den agrikolen Grofsbetrieb, der den Rohertrag des Ackers vermehre. Er stützt sich mit seiner Behauptung, dafs Assoziationen in der Landwirtschaft möglich und nützlich seien auf John Stuart Mill, v. Thünen, Fawcett. Der Ackerbau kann nur durch die Assoziationen zur vollen Ertragsfähigkeit gesteigert werden. Die meisten Bodenameliorationen stellen einen Rentenkauf dar, eine Verausgabung eines Kapitals, welches sich bei ihnen nur in einer langen Reihe von Jahren als Rente ersetzt, nicht aber auf einmal wieder als Kapital herausgezogen werden kann. Bei der bestehenden Nötigung aber, jedes hypothekarisch aufgenommene und durch die Bodenamelioration in Rente verwandelte Kapital binnen einer kurzen Zahl von Jahren dem Gläubiger wieder als Kapital zurückzugewähren, sind daher die wichtigsten und ertragreichsten Bodenameliorationen

---

¹) Arbeiterlesebuch, S. 42.
²) Offenes Antwortschreiben S. 24.
³) Arbeiterlesebuch, S. 42.
⁴) Wiederum arbeitet Lassalle nur mit Behauptungen, statt Beweisen.
⁵) Arbeiterlesebuch, S. 53.

dem Grundbesitzer, wenn er nicht zufällig auch noch aufserdem grofser Kapitalist ist — und dies ist bekanntlich nur in den allerseltensten Ausnahmen der Fall — so gut wie unmöglich. Erst die Produktivassoziation befände sich bei ihren grofartigen Mitteln in der Lage hierzu.¹)

Den wichtigsten Punkt aber hat Lassalle in seinen Reden nicht berührt, seine Anschauung über die Grundrente und ihre eventuelle Beseitigung. Er will die Grundrente durch eine Grundsteuer ablösen, die die Äcker unterster (schlechtester) Klasse ganz frei läfst und alle Äcker der höheren Klassen im Verhältnis zu ihrer günstigeren Beschaffenheit belasten. Damit wäre die ganze Grundrente abgelöst, d. h. in die Hände des Staates gebracht, während in den Händen der Arbeiter nur der wirkliche, gleichmäfsige Arbeitsertrag bleibt. — Diese differenzierte Grundsteuer würde dann an die Stelle des Zinses treten, den die industriellen Assoziationen zunächst für die Staatskapitalien zu entrichten hätten. Diese differenzierte Grundsteuer wäre die Bezahlung, welche die ländlichen Arbeiterassoziationen dem Staat für die Überlassung der Bodenfläche zu entrichten hätten. —

„Die Assoziation," schreibt er, „hat also bei den ländlichen Arbeitern durchaus den bahnbrechenden Charakter, der zur definitiven Lösung der sozialen Frage allmählich führen mufs."²)

Lassalle betont ausdrücklich, dafs mit Versuchen, im kleinen seine Vorschläge zu verwirklichen, nichts genützt sei, da die freie Konkurrenz eine „Hand voll" assoziierter Arbeiter leicht erdrücken könne. Die grofsen Massen, die Gesamtheit entscheide hier allein. Und, „wie auf dem Schlachtfeld, so auch auf dem ökonomischen Feld, ist der Staat allein der, der durch den Staatskredit die grofsen Arbeiterbataillone in Bewegung setzen und den Sieg damit bestimmen kann."³)

Eine Frage bleibt noch zu beantworten, die nämlich nach den Vorteilen der Produktivassoziationen gegenüber den heutigen wirtschaftlichen Verhältnissen.

Zunächst weist Lassalle darauf hin, dafs durch die Zusammenfassung der Produktion in diesen Assoziationen, durch die so erzielten Kostenersparnisse und die Steigerung der Produktionserträge eine ungeheure positive Bereicherung der gesamten Ge-

---

¹) Bastiat-Schulze, S. 401 ff.
²) Briefe an Rodbertus, S. 71—80.
³) Bastiat-Schulze, S. 395.

sellschaft eintreten müsse. Die Spesen, die Transportkosten, der Zwischenhandel u. s. w. fallen grofsenteils weg. Um zu zeigen, wie viel bei erhöhter Ertragsfähigkeit, bei konzentrierter Produktion an Kosten gespart werden könne, wendet Lassalle das bekannte Beispiel an: Geheimrat Engel habe ausgerechnet, dafs im Königreiche Sachsen durch Konzentrierung der Brotbäckereien in Fabriken jährlich bei ununterbrochenem Betriebe allein an Brennmaterial mindestens eine Million Thaler erspart würden. — Die Einführung der freien Konkurrenz durch die französische Revolution ihrerzeit war die gewaltigste Maschine für die Steigerung des gesellschaftlichen Reichtums, die je erfunden worden ist und hat alle weiteren Erfindungen nach sich gezogen, nicht nur auf industriellem Gebiete, sondern es ist durch die mit ihr gegebene Beseitigung des feudalen Systems in der landwirtschaftlichen Produktion, durch die Beseitigung des Systems der Naturaldienste, Lieferungen und Renten und der Rohabgaben ebenso auf landwirtschaftlichem Gebiete eine bisher ungeahnte Vermehrung der Produktivität hervorgebracht worden. Was für die freie Konkurrenz für jene Zeit gilt, gilt für die Produktivassoziationen für die noch entwickelteren Verhältnisse der heutigen Zeit.[1])

Dafs die zusammengefafstere Produktion die billigere ist, und dafs — bis zu einem gewissen Grade — dieser Vorteil um so gröfser wird, je mehr diese Zusammenfassung fortschreitet, ist nicht zu bezweifeln. Lassalle schliefst deshalb, dafs der Nation der Weltmarkt gehört, die sich zuerst zur Einführung einer radikalen Umwandlung der Produktionsverhältnisse in diesem Sinne entschliefst. Die Nation, die hierbei vorangeht, wird durch die Billigkeit der konzentrierten Produktion zu den Kapitalisten der anderen Nation eine noch weit überlegenere Stellung einnehmen, als England so lange Zeit hindurch den Kontinentalnationen gegenüber durch die gröfsere Konzentrierung seiner Kapitalien behauptet hat.[2])

Unter der Herrschaft der Produktivassoziationen hören die Spekulation und das Reklamewesen auf.

Es wird sich ferner die Richtung der Produktion ändern, da diese von den Konsumenten bestimmt wird, unter denen dann der Arbeiter — der heute, weil er aufser für die notwendigsten, unentbehrlichsten Bedürfnisse ohne Zahlungsmittel ist, nicht zu den Kon-

---

[1]) Erwiderung auf eine Rezension des Bastiat-Schulze etc., S. 429.
[2]) Bastiat-Schulze, S. 401.

sumenten zählt (!) — bestimmend ist. Nach seinem Bedürfnisse und Geschmack richten sich dann die Produktionsgegenstände, d. h. es wird dem Geschmacke dieses Standes gemäfs das **Schöne** und das **Nützliche** produziert werden, nicht, wie nach dem Geschmacke der Bourgeoisie, das **Teure, weil es teuer ist.**[1])
Die enge Verbindung von Staat und Produktivassoziationen ermöglicht ferner eine Menge von Unternehmungen, die von unermefslichen Folgen für die Wohlfahrt und den Reichtum des Volkes sind, heute aber aus egoistischen Rücksichten der Kapitalbesitzer nicht unternommen werden, da sie den Reichtum der Gesellschaft als solcher fördern. Lassalle denkt hier an die Verwertung des Fleisches der südamerikanischen Rinderherden für die europäische Volksnahrung, an die Anlage von Kolonieen zur Brotbaumkultur und die Komprimierung der Nährstoffe dieser Früchte.[2])

Aus der abgelösten Grundrente gewinnt der Staat die Mittel, Schulunterricht, Wissenschaft, Kunst, öffentliche Ausgaben aller Art zu bestreiten — und so hätte niemand, respektive **alle gleichmäfsig** die Rente.[3])

Schliefslich erwartet Lassalle von jener neuen Zeit, dafs sie eine ganz neuartige Kunst gebäre.[4])

* * *

Man hat öfter hervorgehoben, so z. B. Mehring, dafs Lassalle den Arbeitern nur ein Zukunftsbild vorgemalt habe, an das er selbst nicht glaube. In der That hat er selbst mehrfach in seinen Briefen an Rodbertus zu dieser Meinung Anlafs gegeben. Die Stelle, die gewöhnlich zum Beweise angezogen wird, lautet vollständig: „Während ich also einerseits die Assoziation als Übergangsmafsregel für durchaus praktisch halte, kommt dazu, dafs ich eine andere, gleich wirksame, praktische Mafsregel nicht habe, was freilich nicht ausschliefst, dafs Sie eine solche und noch bessere herausspintisiert haben. In diesem Falle werde ich mich derselben mit Leidenschaft anschliefsen."[5])

---

[1]) Bastiat-Schulze, S. 403/404. Dieser Betrachtung liegt eine richtige Beobachtung zu Grunde, da die privatwirtschaftliche Produktion ihre Richtung letzten Endes der Nachfrage der zahlungsfähigsten Käufer anpafst und so sehr wohl die Erzeugung von im volkswirtschaftlichen Sinne wichtigeren, im privatwirtschaftlichen aber weniger rentableren Gütern vernachlässigen kann.
[2]) Bastiat-Schulze, S. 404/405.
[3]) Briefe an Rodbertus, S. 71—80.
[4]) Bastiat-Schulze, S. 403.
[5]) Briefe an Rodbertus, S. 72.

Auf diese und ähnliche Äufserungen Lassalles bezieht man auch jenen Ausspruch Rodbertus' von dem „exoterischen" und dem „esoterischen" Lassalle. Abgesehen davon, dafs es nicht richtig ist, wenn Mehring meint, Rodbertus wolle hier einen Tadel aussprechen,[1] kann doch gerade die oben angeführte Stelle für eine Spiegelfechterei Lassalles gar nichts beweisen, wenn man gerecht urteilen will. Er hat genau auseinander gesetzt, in welcher Beziehung der Praktiker und der Theoretiker zu einander stehen: „Eine theoretische Leistung und eine praktische Agitation, wie ich sie durch mein „Antwortschreiben" und die ihm folgenden Reden ins Werk gesetzt habe, haben in einer Hinsicht ein ganz entgegengesetztes Gesetz. Eine theoretische Leistung ist um so besser, je vollständiger sie alle, auch die letzten und entferntesten Konsequenzen des in ihr entwickelten Prinzips zieht. Eine praktische Agitation umgekehrt ist um so mächtiger, je mehr sie sich auf den ersten Punkt konzentriert, aus dem dann alles weitere folgt. Nur mufs es eben ein solcher Punkt sein, der bereits alle weiteren Konsequenzen in sich trägt und aus welchem sie sich mit organischer Notwendigkeit ergeben müssen." Gegen diese Anschauung ist wohl kaum etwas einzuwenden, und völlig rechtfertigt sich m. E. Lassalle, wenn er an anderer Stelle an Rodbertus schreibt: „Ebenso werde ich das Mittel der Assoziation zwar plaidieren, aber **ausdrücklich als offene Frage, das Prinzip lediglich in die Staatsintervention setzend.**"

Man könnte nun sagen: wenn die Geschichte ein Ergebnis der ökonomischen Entwickelung ist, der alle Verhältnisse wie einem fatalistischen Schicksale unterliegen, so ist es überhaupt müssig, auf Grund theoretischer Erwägungen Zukunftsformen der Produktion und der Gesellschaft aufzubauen, da ja doch alle Anstrengungen, die realen Verhältnisse in dem einen oder anderen Sinne zu beeinflussen, hoffnungslos bleiben müssen. Jedoch haben alle derartigen Übersetzungen theoretischer Meinungen ins Praktische einen grofsen Wert insofern, als sie uns zu erkennen und genau zu prüfen erlauben, wie weit der betreffende Autor sein System klar und folgerichtig entwickelt hat. Nirgends treten die Mängel und Fehler so plastisch zu Tage, als in einem solchen Aufbau, dessen Verwirklichung der Einsicht der Zukunft anvertraut wird. Zugleich wird man bemessen können, wie weit der Autor überhaupt in Beziehung zu dem praktischen Leben seiner Zeit steht, ohne dessen Durchdringung ein Plan

---

[1] Briefe an Rodbertus, S. 5.

zur Weiterentwickelung in der Zukunft nicht denkbar ist. Schliefslich kommt es nicht so sehr darauf an, dafs alle Einzelheiten eines solchen Systems realisierbar sind, wenn nur die Grundlagen die Elemente einer gesunden und möglichen volkswirtschaftlichen Umgestaltung enthalten. — Die Grundlagen, auf denen Lassalle fufst, haben wir zum Teil als falsch erfunden, und so ist denn auch sein Produktionssystem unhaltbar, das allerdings nur als Bruchstück von ihm hinterlassen worden ist.

Der Gedanke, die Produktivgenossenschaft als das Ziel der wirtschaftlichen Entwickelung hinzustellen, lag nach dem Vorgange von Frankreich nahe und war aufserdem schon populär. Wir finden derartige Forderungen in den 48er Jahren häufig aufgestellt. So verlangten z. B. die Mainzer Buchdruckergehilfen im Jahre 1848 in einer Petition an die Nationalversammlung in Frankfurt:

„Regulierung des Maschinenwesens in Deutschland und Beschränkung desselben in soweit, als dasselbe ohne allgemeinen Nutzen zur Bereicherung des einzelnen dient. — Gewährung von Staatsmitteln zur Gründung von Unterstützungskassen."

Finden wir hier nur den Gedanken ausgesprochen, dafs der Staat eingreifen müsse, so ist die Forderung der Assoziation unmittelbar erhoben in einer Petition an die Nationalversammlung, die am 27. April 1849 von den in Leipzig versammelten Abgeordneten der Arbeitervereine von Sachsen und der sächsischen Herzogtümer angenommen wurde. Es heifst da: „Wie mannigfaltig nun auch die Mittel selbst sein mögen, welche Sie für die bessere Existenz der arbeitenden Klassen ergreifen werden — wir sehen ihnen gespannten Herzens entgegen — ein Mittel erlauben sich die Unterzeichneten einer hohen Versammlung zu empfehlen, und um dessen Anwendung inständigst zu bitten, es ist das der Assoziation der Arbeiter. Sowie die Assoziation der Kapitalisten die grofsen Bauwerke, Erfindungen und Fabriken hervorgebracht hat, durch welche unsere Zeit sich wesentlich von der Vergangenheit unterscheidet, so werden nun die Assoziationen der Bauhandwerker der gewerblichen Thätigkeit eine neue, gewaltige Gestaltung geben, sie werden der Entwickelungsgeschichte der Menschheit zufolge immer mehr Menschen in den Kreis der Unabhängigen und Freien ziehen, immer mehreren eine menschliche Existenz sichern. Diejenigen aber, welche nichts besitzen, als ihre Arbeitskraft, können unmöglich dies grofse Werk allein und in dem Mafse aufrichten, dafs es wesentlichen und allgemeinen Nutzen bringe. Des Staates Pflicht ist es, für das Wohl aller seiner Glieder zu sorgen, mit seinen Mitteln da besonders auszuhelfen, wo man deren am meisten bedürftig ist, um wo möglich alle fähig zu machen, unter dem Schatten seiner Institutionen sich zu laben und zu dem allgemeinen Wohle ihren Zoll beizutragen.

Die Unterzeichneten bitten daher eine sächsische zweite Kammer, der Regierung für Unterstützung von Arbeiterassoziationen die Summe von 4 Millionen Thaler anzuweisen, oder, wenn sie es vorziehen sollte, zu bestimmen, dafs vielleicht ähnlich, wie bei Eisenbahnunternehmungen, von den Assoziationen 4 Millionen Thaler in Papiergeld ausgeben, von der Regierung garantiert und durch die Assoziationen, wie bei den Eisenbahnen, in einer bestimmten Reihe von Jahren eingelöst werden." [1])

Lassalle hat diese und ähnliche Petitionen vermutlich gekannt und sich durch die Beliebtheit, die dieses Auskunftsmittel in Arbeiterkreisen augenscheinlich besafs, in dem Festhalten an seinem Plane nur bestärken lassen. Freilich ist von den Gedanken, die er hierüber entwickelte, nichts sein Eigentum, sondern er entlehnte sie den Produktivassoziationen Louis Blancs. Zwar hat er sich gegen eine Abhängigkeit von Louis Blanc verwahrt, läfst sich aber dabei [2]) ein arges Sophisma zu schulden kommen, mit Hilfe dessen es ihm, dank der Unkenntnis seiner Gegner, gelang, diese zu dupieren.

Unterwerfen wir die Pläne, die jener Forscher entworfen hat, einer Betrachtung. — Von dem, der zuerst über Produktivassoziationen gehandelt hat, Buchez, sehe ich ab, und erwähne nur, dafs sich bei ihm schon die Gedanken finden, die ganze Arbeiterklasse zu vereinigen ohne Staatshülfe, dafs die Produktion durch eine Zentralbank mit Filialen geregelt und an der Hand der einlaufenden Berichte beobachtet wird, sowie dafs eine derartige Assoziationsproduktion die Krisen verhindert.

Die erste Arbeiterassoziation war in Frankreich 1831 gegründet worden infolge der Agitation von Buchez; einen Aufschwung nahm die Sache aber erst von 1840 ab, wo Louis Blanc thatkräftig für diese Ideen eintrat, und es erreichte, dafs der Staat etwa 3 Millionen Franks an die Unterstützung solcher Projekte wandte.

Louis Blanc verlangte:

---

[1]) Siehe Georg Adler, Die Geschichte der ersten sozialpolitischen Arbeiterbewegung in Deutschland, Breslau 1885.
[2]) Allgemeine Deutsche Zeitung, 1863. 24. 4.

Der Staat gründet mit Hilfe einer Anleihe für die Hauptindustriezweige Gesellschaftswerkstätten, für deren Betrieb er die Statuten sowohl entwirft, als auch ihre Befolgung überwacht. Die Assoziationen je eines Industriezweiges stehen unter einander in Verbindung und zwar so, dafs sie alle von einer Zentralassoziation abhängen. Ebenso stehen die Assoziationen verschiedener Industriezweige in einem Verbande.

Zur Teilnahme an der Assoziation sind alle moralisch unbescholtenen Arbeiter berechtigt, deren Löhne sich nach der Leistung berechnen (bei den wirklich ins Leben getretenen Assoziationen waren entweder die Löhne gleich oder nach der Arbeitszeit bemessen). Das vom Staat vorgeschossene Kapital wird mit 3 v. H. verzinst.

Der Gewinn, der aus einer Assoziation fliefst, wird folgendermafsen verteilt: Zunächst gehen von dem Ertrage der Produktion die Produktionskosten, die Arbeitslöhne, die Kapitalzinsen für den Vorschufs des Staates ab; der verbleibende Rest findet folgende Verteilung: ein Viertel zieht der Staat ein als Amortisation, um neue Assoziationen zu gründen; ein anderes dient zur Alters-, Krankenunterstützung u. s. w.; das dritte, um in Verfall geratene Assoziationen zu stützen; das letzte erst gelangt zur Verteilung an die Mitglieder der Assoziation.[1]

Dafs zunächst die Assoziationen gegen die Privatunternehmung in Konkurrenz zu treten haben, scheint Blanc nicht gefahrdrohend, da die Vorteile, die eine derartige Organisation bietet, einleuchtend genug sind, um bald alle Privatunternehmer, die gegen Zinsen ihr Kapital einfach der Assoziation zur Verfügung stellen, zum Beitritte zu veranlassen.

In der Assoziation des Ackerbaues sind nur die direkten Nachkommen und die Gemeinden erbberechtigt, so dafs immer ein grofses Gemeindegut zur Verfügung steht.

Über die augenscheinliche Übereinstimmung dieser Gedanken Louis Blancs mit denen Lassalles ist kein Wort zu verlieren. Beide verfechten das — wie es Menger genannt hat — Prinzip des Gruppensozialismus in einer bis auf die Einzelheiten übereinstimmenden Form. Nur ein Unterschied besteht. Lassalle will nicht mit Hilfe der Staatsgewalt unter Anwendung von Zwang die Asso-

---

[1] Die Teilung des Produktionsertrages ist bei G. Mayer a. a. O. falsch bezeichnet.

ziation durchgeführt wissen, sondern stellt diese mit Proudhon dem freien Entschlusse der Arbeiter, der Gesellschaft überhaupt anheim.[1]) Über die Undurchführbarkeit der Lassalleschen Vorschläge ist vielfach gehandelt worden, so von Laveleye, Menger u. A.,[2]) so dafs es Bekanntes wiederholen hiefse, wollte ich die eingewendeten Gründe alle aufzählen; nur auf einiges ist aufmerksam zu machen. Es ist sicher einigermafsen verwunderlich, dafs Lassalle bei seiner Kritik des Kapitals und der wirtschaftlichen Zustände sich fast ausschliefslich auf die Betrachtung der Verteilung der Güter beschränkt, bei seiner Erörterung der zukünftigen Gestaltung der Produktion im Sinne der wirtschaftlichen Gerechtigkeit umgekehrt nur die veränderten Produktionsverhältnisse ins Auge fafst und das Problem der Verteilung mit Behauptungen erledigt. Zudem beruhigt er sich auch mit dem Optimismus Louis Blancs über die Bedenken, ob denn bei der allmählichen Einführung der Produktivassoziationen die Konkurrenz der noch bestehenden Privatunternehmungen thatsächlich so gefahrlos sei, wie er es hinstellt. Schon die Einrichtung der Assoziation bedarf der Erledigung einer Menge von Vorfragen, die Lassalle nicht einmal streift: Hat jeder Arbeiter das Recht auf einen Platz in einer Assoziation? Eine Frage die in ihren Konsequenzen überaus wichtig ist und in der That in der Praxis der Nationalwerkstätten in Paris eine grofse Rolle gespielt hat.

Hat nicht jeder Arbeiter das Recht auf Aufnahme (ist dies vielleicht, wie bei Blanc, von der moralischen Qualifikation abhängig?), wer sitzt zu Gerichte über die Erteilung des Rechtes an Auserwählte? Was geschieht mit den Zurückgestofsenen, wenn die gesamte Produktion, wie das doch Voraussetzung ist, schliefslich in Assoziationen organisiert ist? — Wenn jeder Arbeiter ohne Unterschied in eine Assoziation aufgenommen werden mufs, — was geschieht, um einer Überfüllung in einem Industriezweige vorzubeugen oder eine schon entstandene zu beseitigen? Hat der Arbeiternachwuchs freie Wahl des Berufes?

Man ersieht schon aus dieser Anknüpfung an einen einzigen Punkt, dafs, je aufmerksamer man das Projekt durchdenkt, die vollkommene Unbrauchbarkeit in dieser Form um so klarer hervortritt.

---

[1]) Über die Abhängigkeit Lassalles von Blanc und Proudhon siehe ferner die Bemerkung Bernsteins, Schriften Lassalles, Bd. I. 134.

[2]) Die Arbeit von Richard Burdinski, Die Produktivgenossenschaft als Regenerationsmittel des Arbeiterstandes, Leipzig 1894, enthält manche Ungenauigkeiten und Fehler.

Auf zwei andere Bedenken hat Menger hingewiesen, zuerst darauf, dafs es ein, Konflikte bergender, Widerspruch sei, innerhalb der **Produktion** in den Assoziationen den sozialistischen Rechtsstand einzuführen, zugleich aber für das ganze Gebiet der **Konsumtion** das Privatrecht mit der Vertragsfreiheit und der Konkurrenz bestehen zu lassen. Sodann tritt an Stelle des individuellen Eigentums nur das Korporationseigentum der Assoziation, für die Grund- und Kapitaleigentum ganz wie früher für das Individuum bestehen bleiben.

Ebenso geht alles, was Lassalle von der Funktion der Betriebe sagt, nicht über das Mafs unbewiesener Behauptungen hinaus, so dafs man ihm mit Recht den Vorwurf der Leichtfertigkeit machen konnte, mit der er den Enthusiasmus der Arbeiter erweckte für einen Plan, der in dieser Form unausführbar ist.

Am oberflächlichsten ist die Frage der Assoziation im Ackerbau behandelt, über die Lassalle nichts weiter zu sagen weifs, als was in einem dürftigen, allgemeinen Citate aus Stuart Mill besteht. Das eine aber erscheint unbegreiflich, dafs Lassalle, der ausdrücklich hervorhebt, die Produktivassoziationen seien nur im grossen durchzuführen, die Gründung einer einzelnen Genossenschaft veranlafste, da er Bismarck diesen Plänen günstig zu stimmen gewufst hatte. Die Absendung einer Deputation aus den in den sechsziger Jahren in gröfster Not befindlichen Weberdistrikten Schlesiens im Jahre 1864 an den König von Preufsen hatte den Erfolg, dafs auf Veranlassung Bismarcks der König 12 000 Thaler aus seinen Mitteln zur Begründung einer Weberassoziation bewilligte. Die Oberleitung der Assoziation wurde dem — Landrate des Kreises übertragen, dem die Beschaffung des Rohmateriales und die Kassenführung oblag.

Nach einem Jahre schon mufste die Assoziation aufgelöst werden, da kein Betriebskapital mehr vorhanden war.[1]

Ob aber nun der Lassallesche Plan der Assoziationen auch mifslungen ist, in einer Frage, die ihn überhaupt erst zur Aufstellung und scharfen Formulierung des Prinzips der Staatshilfe veranlafste, hat er unbedingt Recht behalten, in der Frage nämlich, ob die Genossenschaften, wie sie Schulze-Delitzsch einrichtete, geeignet seien, dem **Arbeiterstande** zu helfen. Man nennt sie gewöhnlich Produktivgenossenschaften für Handwerker **und Arbeiter**, aber, wenn man genau nachschaut, so findet man Genossenschaften von **Lohn-**

---

[1] Häntschke, Die gewerblichen Produktivgenossenschaften in Deutschland, Charlottenburg 1894.

arbeitern nur in so verschwindendem Mafse, dafs sie ganz aufser Betracht kommen. Schmoller, der seine Aufsätze unter dem Titel: „Die Arbeiterfrage" veröffentlichte, um eben zu beweisen, dafs die Arbeiterfrage mit den Schulze-Delitzschen Organisationen zu lösen sei, tritt den Beweis an, indem er ihre Nützlichkeit für den — Handwerker und kleinen Gewerbetreibenden nachweist.

Auch in dem Buche von Häntschke, das einen guten Überblick über die Geschichte und die Schicksale der gewerblichen Produktivgenossenschaften in Deutschland giebt, erfahren wir durchaus nichts über eine Förderung der Lohnarbeiterfrage durch diese. Es ist ein grofser Mangel dieser Arbeit, dafs, trotzdem sie „einen Beitrag zur Förderung der Handwerker- und Arbeiterfrage" darstellen soll, nirgends auch nur angedeutet wird, ob die Gründer und Mitglieder der 322 gewerblichen Produktivgenossenschaften, die überhaupt ins Leben gerufen worden sind (213 davon haben sich wieder aufgelöst!) Handwerker oder Lohnarbeiter oder Leute aus beiden Klassen gewesen sind. Nur mittelbar können wir schliefsen, dafs an eine Erledigung der Lohnarbeiterfrage in radikalem Sinne nicht zu denken ist, da am Schlufse Häntschke Betrachtungen darüber anstellt, ob man die — Gewinnbeteiligung der Arbeiter einführen solle oder nicht.

Man wird den mafslosen Hafs, mit dem Lassalle Schulze-Delitzsch verfolgte und die Verachtung, mit der er seine genossenschaftlichen Bestrebungen beurteilte, unbedingt mifsbilligen, ohne darum zu verkennen, dafs eine Genossenschaftsbewegung für die Arbeiter nur dann von Erfolg sein kann, wenn das letzte Ziel von sozialen Gesichtspunkten bestimmt ist. Und in Bezug auf die Weite des Blickes und die Kühnheit und Gröfse des Entwurfes steht Lassalle weit über Schulze-Delitzsch, dessen Verdienst durch dieses Urteil im übrigen nicht geschmälert werden soll. Es ist eine der Beachtung werte und der genauen Untersuchung würdige Erscheinung, dafs die deutsche Genossenschaftsbewegung, verglichen mit der in anderen Ländern, vor allem in England, für den Arbeiter fast gänzlich ergebnislos verlaufen ist. Hierbei mögen die ganze Wirtschaftsgeschichte, die Gesetzgebung und der Bildungsstand der deutschen Arbeiterbevölkerung eine entscheidende Rolle gespielt haben und noch spielen, die Thatsache aber kann nicht geleugnet werden.

V.

Weitere Forderungen zur Erhaltung des politischen und geistigen Fortschrittes.

Anhangsweise möchte ich hier noch einige Dinge anschliefsen, die geeignet sind, das Gesamtbild der Lassalleschen Anschauungen zu vervollständigen; man wird finden, dafs viele dieser Gedanken noch heute in gewissen politischen Gruppen wirksam sind.

Obwohl Lassalle, wie wir gesehen haben, eine durchgreifende Reform der Produktion und Verteilung der Güter anstrebte, obwohl er bestrebt war, die Arbeiter als politische Partei zu organisieren, hielt er doch nichts von dem Kampfmittel der Arbeiter, den Lohn zu erhöhen; er verwarf die Streiks als unwesentliche, ja schädliche Palliative. Er schreibt hierüber: „In politischer Beziehung zwar auch noch, wie früher, beherrscht, ist der Arbeiter in **gesellschaftlicher** Beziehung zur **Sache** geworden. Aus dieser gesellschaftlichen Lage gibt es daher auf gesellschaftlichem Wege keinen Ausweg. Die vergeblichen Anstrengungen der **Sache**, sich als **Mensch zu gebärden** — sind die englischen Streiks, deren trauriger Ausgang bekannt genug ist. (1862! D. Verf.) Der einzige Ausweg für die Arbeiter kann daher nur durch **die** Sphäre gehen, innerhalb deren sie noch als Menschen gelten, d. h. durch den Staat."[1)]

Als ein Mittel, vor allem die politische Macht in die Hände des vierten Standes zu bringen, d. h. — nach der Ansicht Lassalles — ihn auch **rechtlich** zum herrschenden Prinzipe zu machen, bezeichnet er die **Umgestaltung des stehenden Heeres** zum

---

[1)] Bastiat-Schulze, S. 377, Anmerkung; ferner Briefwechsel, S. 118: „Der Arbeiter ist nicht ein Mensch, sondern une marchandise comme une autre."

Volksheere, und man wird zu den Ausführungen Lassalles unschwer die Parallelen aus dem heutigen politischen Leben finden. Lassalle argumentiert folgendermafsen: Die Macht des stehenden Heeres (und damit der Fürsten) ist eine organisierte, die des Volkes eine unorganisierte. Sollte also der am 18. März 1848 erfochtene Sieg nicht notwendig wieder resultatlos werden für das Volk, so mufste der siegreiche Augenblick benutzt werden, um die organisierte Macht des Heeres derart umzugestalten, dafs sie nicht wieder als blofses Machtmittel der Fürsten gegen die Nation verwendet werden konnte. Hierzu waren folgende Mafsregeln notwendig:

„1. Die Dienstzeit der Soldaten mufste auf 6 Monate beschränkt werden, eine Zeit, genügend für die militärische Ausbildung, zu kurz aber, um dem Soldaten einen besonderen Kastengeist einzuflöfsen; eine Zeitdauer, deren Kürze vielmehr eine solche beständige Erneuerung des Heeres nach sich zieht, dafs dadurch erst das Heer aus einem Fürstenheere zu einem Volksheere wird.

2. Alle niederen Offiziere bis mindestens zum Major inklusive werden von den Truppenkörpern selbst gewählt.

3. Das Heer untersteht für alle nicht speziell militärischen Vergehen den gewöhnlichen, bürgerlichen Gerichten, damit es auch hierdurch sich als ein Gemeinsames mit dem Volke und nicht als etwas Apartes, als eine besondere Klasse, betrachten kann.

4. Alles Geschütz, die Kanonen, die ja nur zur Landesverteidigung dienen sollen, sind, soweit sie nicht unumgänglich zu militärischen Übungen nötig, der Verwahrung der städtischen, vom Volke gewählten Behörden zu übergeben. Mit einem Teile der Artillerie mufs man Artilleriesektionen der Bürgerwehr bilden, um so ferner die Kanonen, **dieses so wichtige Stück der Verfassung** (eine echt Lassallesche Floskel!), in die Macht des Volkes zu bringen." [1])

Dafs Lassalle seine Reformen nicht mit Gewalt durchzusetzen trachtete, ist schon oben nachgewiesen worden, eine andere Stelle mag dies hier noch belegen. Er wünscht eine Versöhnung der gebildeten und der arbeitenden Bevölkerung herbei. — Nebenbei bemerkt ist die Scheidung zwischen Bildung und Arbeit wohl keine besonders treffende.

„Es wäre das grofsartigste Kulturfaktum, es wäre ein Triumph des deutschen Namens und der deutschen Nation, wenn in Deutsch-

---

[1]) Rede über Verfassungswesen, S. 78,79.

land die Initiative in der sozialen Frage gerade von den Besitzenden ausginge, wenn sie aufträte als ein Produkt der Wissenschaft und der Liebe, nicht als eine Gärung des Hasses und der sanskulottischen Wut."¹)

Der Gedanke ist schön und gut und hat in unserer Zeit unzweifelhaft schon an Boden gewonnen. Aber Lassalle drückt sich an dieser Stelle falsch aus, er meint gar nicht die „Besitzenden", denn diese bilden ja die herrschende Klasse, deren notwendige Unsittlichkeit er so oft betont hat; er meint vielmehr die Wissenschaft.

„Zwei Dinge sind grofs geblieben in dem allgemeinen Verfall, der für den Kenner der Geschichte alle Zustände des europäischen Lebens ergriffen hat, zwei Dinge allein sind frisch geblieben und fortzeugend inmitten der schleichenden Auszehrung der Selbstsucht, die alle Adern des europäischen Lebens durchdrungen hat: die **Wissenschaft** und das **Volk**, die **Wissenschaft** und die **Arbeiter**. Die Vereinigung beider allein kann den Schofs europäischer Zustände mit neuem Leben befruchten."²)

Interessant sind ferner die Vorschläge Lassalles bezüglich der **Presse**, die aus mancher richtigen Beobachtung, die freilich bei Lassalle zu mafslosen Behauptungen und Anklagen führt, hervorgegangen sind. — Um die Verständigung aller mit allen zu ermöglichen, um der Wahrheit überall die Wege zu bereiten, bedarf es einer guten Presse. Die „zur Zeit bis ins Mark korrumpierten Zeitungen, deren Betrieb zu einem durch und durch heuchlerischen Geschäfte des Geldes wegen geworden ist, die unter dem Scheine des Kampfes für grofse Ideen, für das Wohl des Volkes von den „modernen Landsknechten der Feder" geschrieben werden", können Lassalle natürlich nicht genügen. Zur Reform der Presse schlägt er deshalb vor:

1. absolute Prefsfreiheit,
2. Aufhebung der Kautionsstellung, ³)
3. Abschaffung der Stempelsteuer, ³)
4. **Verbot der Annoncenannahme für sämtliche Zeitungen.**

Nur die vom Staate und von den Gemeinden herausgegebenen Amtsblätter dürfen solche bringen. Nach Durchführung dieser Re-

---

¹) Arbeiterlesebuch, S. 181, siehe ferner S. 68.
²) Rede, Die Wissenschaft und die Arbeiter, S. 391.
³) Diese Forderungen hatte schon das Jahr 1848 erfüllt, 1851 wurden die Beschränkungen wieder eingeführt, um 1874 endgültig zu fallen.

formen bestehen nur noch solche Zeitungen, und können nur solche Männer Zeitungen herausgeben, die ohne Rücksicht auf lukrative Bereicherung die Mission in sich fühlen, für die geistigen Interessen und das Wohl des Volkes zu kämpfen.

Die Vor- und Grundbedingung zu einer materiellen Hebung der Massen ist für Lassalle ihre geistige Aus- und Umbildung. Er erklärt: „Ich bin der erste, der jede soziale Verbesserung nicht einmal der Mühe für wert hält, wenn auch nach derselben — was zum Glück objektiv ganz unmöglich — die Arbeiter persönlich das bleiben, was sie in ihrer grofsen Masse heute sind."[1]) Er ermahnt die Arbeiter immer wieder, nach gröfserer Bildung zu streben, ihre Angelegenheiten durchzudenken, der Wahrheit und Gerechtigkeit, als der ersten Mannespflicht, die Ehre zu geben.[2]) — Der erste Schritt zu ihrer subjektiven Hebung wäre ihre Erziehung durch den obligatorischen und unentgeltlichen Unterricht. Wiederum ist es also der Staat, der durch die grofse Erziehungsmaschine den arbeitenden Klassen zur Hilfe kommen mufs.[3])

Lassalle versteht unter „Revolution", dafs ein neues Prinzip an die Stelle eines bestehenden Zustandes gesetzt wird, gleichviel ob mit oder ohne Gewalt. Dieses „neue Prinzip" ist hier der „vierte Stand", und Lassalle ist überzeugt von dem Eintreten dieser Revolution zu seinen gunsten.

„Sie wird entweder eintreten in voller Gesetzlichkeit und mit allen Segnungen des Friedens, wenn man die Weisheit hat, sich zu ihrer Einführung zu entschliefsen beizeiten und von oben herab — oder aber sie wird innerhalb irgend eines Zeitraumes hereinbrechen unter allen Konvulsionen der Gewalt, mit wild wehendem Lockenhaar, erzene Sandalen an ihren Sohlen."[4])

---

[1]) Erwiderung auf eine Rezension des Bastiat-Schulze etc., S. 430/31.
[2]) Offenes Antwortschreiben, S. 10.
[3]) Siehe Anmerkung 1.
[4]) Die indirekten Steuern und die Lage der arbeitenden Klassen S. 113.

VI.

Schlußwort.

Im Laufe unserer Untersuchung hat sich gezeigt, dass Lassalle, trotzdem ihm eine grofse wissenschaftliche Bildung nicht abgesprochen werden kann, die Ergebnisse fremder Arbeit ausgiebig benutzte.[1]) Jedoch hat er sie in einer Weise gruppiert, deren innerer Zusammenhang in jedem Teile gewahrt bleibt, deren äufsere Form aufserdem eine oft glänzende war, wenn sie auch überall — mit Ausnahme des „Systems der erworbenen Rechte" und seiner Schrift „Die Philosophie Herakleitos des Dunklen von Ephesos" —, von der Abwägung der agitatorischen Wirkung eingegeben erscheint und des öfteren einer bis zum Rohen gesteigerten Polemik weichen mufste.

Nach den bekannteren Darstellungen der ökonomischen Anschauungen Lassalles sind diese nichts anderes, als Erläuterungen zu den jeweilig in der Agitation aufgetauchten Schlagwörtern; sein Hauptwerk „Kapital und Arbeit" aber enthält schon mehr, und, von der Gesamtheit seiner Schriften ausgehend, mufs man zu der Überzeugung kommen, dafs sein ganzes Streben dahin ging, eine straffe, durchgreifende, deutsche Volkswirtschaftspolitik anzubahnen. Die Untersuchung der Rechtsentwickelung führt zu dem Ergebnis, die neue Zeit sucht die Solidarität in der Freiheit; die Betrachtung der technischen Entwickelung der Volkswirtschaft läfst ihn erkennen, dafs in ihrer Organisation das gemeinwirtschaftliche System das privatwirtschaftliche verdrängt; aus der Erfahrung der gesellschaftlichen

---

[1]) G. Mayer schreibt zwar emphatisch: „Plump wörtlich abschreiben, das thut ein Lassalle nicht!" Er hat es aber doch gethan; denn nicht die Benutzung fremder Gedanken ist das wesentliche, sondern, dafs Lassalle die Autoren verschwieg, denen er sie entnahm.

Zusammenhänge und Abhängigkeitsverhältnisse schliefst er, dafs das Trennende und Verbindende, das, die Abhängigkeit oder Unabhängigkeit Begründende das Moment des Besitzes ist. Aus diesen Erkenntnissen hat die Volkswirtschaftspolitik zu schöpfen, um eine Organisation der Produktion zu schaffen, die sowohl die Solidarität in der Freiheit in Bezug auf die rechtliche Stellung des Menschen zum Menschen, als auch die wirtschaftliche Unabhängigkeit bei einem für alle menschlichen Zwecke genügenden Versorgungszustande der Gesamtheit gewährleistet. Dies ist eine Aufgabe der Politik, da die Ausdehnung der gemeinwirtschaftlichen Gestaltung der Volkswirtschaft dem Staate die Pflicht auferlegt, ordnend einzugreifen, oder doch seine Hilfe für die, von kleineren Wirtschaftseinheiten ausgehenden, auf gemeinwirtschaftliche Organisation zielenden Bestrebungen bereit zu stellen, damit der, der Entwickelung in der naturgemäfsen Richtung widerstrebende Individualismus auch von den wirtschaftlich Schwachen überwunden werden kann.

Der Grund, auf dem eine solche Organisation der Produktion ruht, und die räumliche Ausdehnung, sowie die Anzahl der Wirtschaftseinheiten, die sie umfafst, sind natürlich gegeben in der nationalen Besonderheit des deutschen Volkes. Hier ist schon eine natürliche Solidarität vorhanden, die nur einen rechtlichen Ausdruck finden mufs und wird durch die Zulassung Aller zur Bildung und Bestimmung der Richtung des Staatswillens, wie dies schon von der rechtlichen Entwickelung gefordert wird. Mit der Gewährung des allgemeinen Stimmrechtes ist die Möglichkeit und zugleich, gemäfs der überwiegenden Zahl der arbeitenden Bevölkerung, die Sicherheit der Verwertung der Staatshilfe im Sinne der gemeinwirtschaftlichen Gestaltung der volkswirtschaftlichen Organisation vorhanden.

Dies ist der Gedankenkreis, in dem sich Lassalle bewegte, und den er in seiner agitatorischen Thätigkeit verfocht. Der nationale Sozialismus — diese Bezeichnung mufs trotz des Widerspruches der sozialistischen Schriftsteller als berechtigt festgehalten werden — ist eine Episode in der Geschichte der sozialistischen Strömungen geblieben, und die kühnen Hoffnungen, die Lassalle auf die durchschlagende Kraft seiner Gedanken und die Macht seiner Persönlichkeit setzte, sind nicht erfüllt worden. Man begegnet oft einer übertriebenen Anschauung über die Erfolge seiner Agitation; sie waren wohl für den Einzelnen grofs genug, aber immerhin gelang es ihm nur langsam, sich eine Anhängerschaft zu erkämpfen, die zudem hinter seinen Erwartungen weit zurückblieb, da der Allgemeine deutsche

Arbeiterverein bei seinem Tode nur 4600 Mitglieder hatte. Zum Teil waren die Beziehungen des Liberalismus zu den Arbeiterkreisen festere, als Lassalle geglaubt hatte — man denke an seine Agitation in Berlin und Frankfurt —, zum Teil waren wohl die Arbeiter noch nicht fähig, die von den verschiedenen Seiten ihnen vorgelegten Pläne zur Besserung ihrer Lage kritisch gegeneinander abwägen zu können. So kam es denn, dafs Lassalle kurz vor der Katastrophe, die seinem Leben ein Ziel setzte, selbst ziemlich mutlos geworden war, und vielleicht hat auch dies Gefühl des Mifserfolges auf der bisher beschrittenen Bahn ihn veranlafst, mit dem Gedanken einer Annäherung an die Regierung umzugehen. — Nach seinem Tode verdrängte die Internationale sehr bald seine Anhänger von der Führung der Arbeiterbewegung, aber die schnelle und machtvolle Entwickelung der Sozialdemokratie bis auf unsere Tage ist doch die Frucht der Agitation Lassalles, der, persönlich unabhängig, mit reichen Mitteln ausgerüstet, mit einer stürmischen und sicher echten Begeisterung für die materielle, geistige und rechtliche Erhebung der arbeitenden Bevölkerung vor die Massen trat, die Behandlung der Arbeiterfrage der Bevormundung des Liberalismus entzog, um die Angelegenheiten, die den Arbeiter angingen, in seine eigenen Hände zu legen. Dafs dies das richtige Mittel war, den Arbeiter zur Selbstzucht und zum Selbstbewufstsein zu erziehen, darüber besteht wohl heute kein Zweifel mehr.

Die Wissenschaft der Nationalökonomie hat von Lassalle nur eine geringe Förderung erfahren, wenn man auch den kraftvollen Widerstand gegen die Lehren des Individualismus, der sich in einem geradezu fanatischen Hasse gegen den Liberalismus äufserte, durchaus nicht gering anschlagen darf; der politischen Bewegung aber, die doch ein Ausdruck der im Volke lebenden wirtschaftlichen und gesellschaftlichen Interessen ist, hat er neue Nahrung zugeführt durch den Kampf für sein positives Programm: die Arbeiterfrage ist eine politische und soziale Frage.[1])

---

[1]) Es erscheint nicht überflüssig, zu bemerken, dafs mein Urteil über Lassalle ganz anders lauten würde, wenn ich ihn als Menschen, als Charakter zu betrachten hätte. Die mafslose und unkritische Verhimmelung Lassalles durch Georg Brandes harrt noch immer einer gründlichen Richtigstellung von seiten eines sachlichen, kühlen Biographen. Das Beste, was wir derzeit haben, ist die Biographie, die E. von Plener geschrieben hat.

VII.

Literaturverzeichnis.

(Grundstock einer Bibliographie.)

1. **Ferdinand Lassalles** Reden und Schriften, neue Gesamtausgabe von Eduard Bernstein-London, Berlin 1893. 3 Bände.
2. **Ferdinand Lassalles** gesammelte Reden und Schriften, 3 Bände, New-York.
3. **Ferdinand Lassalle**, Das System der erworbenen Rechte, 2 Bände, Leipzig 1861.
4. **Adolf Wagner**, Briefe von Ferdinand Lassalle an Karl Rodbertus-Jagetzow, Berlin 1878.
5. **Georg Brandes**, Ferdinand Lassalle, ein literarisches Charakterbild; aus dem Dänischen übersetzt.
6. **Ernst von Plener**, Ferdinand Lassalle; Sonderabdruck aus der allgemeinen deutschen Biographie, Leipzig 1884.
7. **M. Vogler**, Ferdinand Lassalle, Volksbibliothek des menschlichen Wissens.
8. **Max Kegel**, Ferdinand Lassalle, Gedenkschrift zu seinem fünfundzwanzigjährigen Todestage.
9. **Handwörterbuch der Staatswissenschaften** hgg. von Conrad, Elster, Lexis und Löning; IV. Bd. S. 965 fg. Ferdinand Lassalle.
10. **Bernhard Becker**, Geschichte der Arbeiteragitation Ferdinand Lassalles, Braunschweig 1875.
11. **Bernhard Becker**, Enthüllungen über das tragische Lebensende Ferdinand Lassalles und seine Beziehungen zu Helene von Dönniges.
12. **Briefe von Ferdinand Lassalle an Hans von Bülow.** [1]
13. **Paul Lindau**, Tagebuch Ferdinand Lassalles, Zeitschrift „Nord und Süd", Jahrgang 1891.
14. **A. Kohut**, Ferdinand Lassalle.
15. **Jürgen Bona Meyer**, Fichte, Lassalle und der Sozialismus, Berlin 1878.
16. **C. A. Schramm**, Rodbertus, Marx, Lassalle; München.

---

[1] Das Heftchen enthält den Abdruck einer Reihe ganz wertloser Zettel, Dinereinladungen u. s. w., deren Veröffentlichung als ein Unfug bezeichnet werden mufs.

17. W. H. Dawson, German Socialism and Ferdinand Lassalle, London 1891.
18. B. Malon, Ferd. Lassalle, Capital et travail ou M. Bastiat-Schulze (de Delitzsch). Première traduction française avec une notice sur le developpement du socialisme en France et en Allemagne et sur la vie de Ferdinand Lassalle.
19. Gustav Schmoller, Die Arbeiterfrage, Preufsische Jahrbücher 1864.
20. Franz Mehring, Die deutsche Sozialdemokratie, Bremen 1879.
21. Rudolf Meyer, Der Emanzipationskampf des vierten Standes.
22. Georg Adler, Die Geschichte der ersten sozialistischen Arbeiterbewegung in Deutschland, Breslau 1885.
23. Eugen Dühring, Kritische Geschichte der Nationalökonomie und des Sozialismus, Berlin 1875.
24. Eugen Jäger, Der moderne Sozialismus, Berlin 1873.
25. F. A. Lange, Die Arbeiterfrage, Winterthur 1875.
26. Moritz Brasch, Philosophie und Politik, Studien über Ferdinand Lassalle und Johann Jakoby, Leipzig.
27. Der Gedanke, Zeitschrift, Jahrgänge 1861, 1862.
28. E. de Laveleye, Die sozialen Parteien der Gegenwart, übertragen von Eheberg, Tübingen 1884.
29. Rudolf Todt, Der radikale deutsche Sozialismus und die christliche Gesellschaft, Wittenberg, R. Herrosé, 1878.
30. Cathrein, V., Der Sozialismus, eine Untersuchung seiner Grundlagen und seiner Durchführbarkeit, 6. Auflage, 1894.
31. Julius Pierstorff, Die Lehre vom Unternehmergewinn, Berlin 1875.
32. E. v. Böhm-Bawerk, Kapital und Kapitalzins, I 1884, II 1889.
33. Anton Menger, Das Recht auf den vollen Arbeitsertrag, Stuttgart 1886.
34. Lujo Brentano, Lehre von den Lohnsteigerungen, Jahrb. f. N. 16 Bd. 1871.
35. Lujo Brentano, Die gewerbliche Arbeiterfrage, Schönbergs Handbuch, I. Aufl. 1882.
36. Schmidt, Der natürliche Arbeitslohn, 1887.
37. Adolf Wagner, Grundlegung der politischen Ökonomie, 3 Bände, Leipzig.
38. Julius Wolf, Sozialismus und kapitalistische Gesellschaftsordnung, Stuttgart 1892.
39. K. Oldenberg, Die Ziele der deutschen Sozialdemokratie, evangelischsoziale Zeitfragen.
40. Lorenz Stein, Geschichte der sozialen Bewegung in Frankreich, 3 Bände.
41. L. Stein, Verwaltungslehre.
42. Bücher, Die Entstehung der Volkswirtschaft, Tübingen 1893.
43. Briefe Lassalles an Victor A. Huber, siehe Dr. K. Munding, Hubers ausgewählte Schriften, Berlin 1895.
44. Schäffle, Kapitalismus und Sozialismus, 1870.
45. v. Scheel, Unsere sozialistischen Parteien, 1878.
46. v. Scheel, Sozialismus und Kommunismus, in Schönbergs Handbuch, Bd. I.
47. Alfred Sudre, Histoire du Communisme, deutsch mit Anmerkungen von O. Wenzel, 1887.
48. R. von Ihering, Scherz und Ernst in der Jurisprudenz, Leipzig 1891.
49. Heinrich Soetbeer, Die Stellung der Sozialisten zur Malthusschen Bevölkerungslehre, Preisschrift, Berlin 1886.

50. **Bernstein**, Zur Frage des ehernen Lohngesetzes, Neue Zeit 1890/91.
51. **Lassalle** und das eherne Lohngesetz, Beilage zur „Allgemeinen Zeitung", Jahrgang 1878, Nrn. 303, 305.
52. **Bracke**, Der Lassallesche Vorschlag, Braunschweig 1873.
53. **Fläxl**, Die Produktivgenossenschaft und ihre Stellung zur sozialen Frage, München 1872.
54. **Hans Krüger**, Die Erwerbs- und Wirtschaftsgenossenschaften etc. Jena 1872.
55. **Häntschke**, Die gewerblichen Produktivgenossenschaften in Deutschland. Charlottenburg 1894.
56. **Richard Burdinski**, Die Produktivgenossenschaft als Regenerationsmittel des Arbeiterstandes, Leipzig 1894.
57. **Schulze-Delitzsch**, Die Abschaffung des geschäftlichen Risikos durch Herrn Lassalle, Berlin 1866.
58. **J. C. von Schweitzer**, Der tote Schulze gegen den lebenden Lassalle.
59. **Louis Blanc**, Organisation de travail.
60. **v. Mohl**, Polizeiwissenschaft, 3. Auflage 1. Band, Tübingen 1866.
61. **Karl Diehl**, P. J. Proudhon, Konradsche Sammlung, 5. Band 2. Heft, 6. Band 3. Heft. Halle.
62. **David Ricardo**, Grundsätze der Volkswirtschaft und der Besteuerung, Baumstarksche Übersetzung, Leipzig.
63. **Karl Marx**, Das Kapital, 2 Bände, Hamburg 1867, 1885.
64. **Karl Marx und Fr. Engels**, Das kommunistische Manifest, 5. Auflage, 1. Auflage 1848.
65. **Karl Marx**, Zur Kritik der politischen Ökonomie.
66. **Karl Marx**, Das Elend der Philosophie, eine Antwort auf Proudhons Philosophie des Elends. Deutsch von E. Bernstein und K. Kautsky. Mit Vorwort und Noten von Friedrich Engels. 2. Auflage.
67. **Carl Rodbertus**, Zur Erkenntnis unserer staatswirtschaftlichen Zustände, 1842.
68. **Carl Rodbertus**, Drei soziale Briefe an von Kirchmann.
69. **Fr. Kleinwächter**, Lassalle und Louis Blanc, Zeitschrift für die gesamte Staatswissenschaft, 1882, Heft I.
70. **Paul Barth**, Die Geschichtsphilosophie Hegels, 1893.
71. **G. Mayer**, Lassalle als Sozialökonom, Berlin 1894.
72. **Louis Blanc und Thiers** über die soziale Frage, Breslau 1849, enthaltend I. Rede in der französischen Nationalversammlung am 13. September 1848, gehalten von A. Thiers. II. **Das Recht auf Arbeit**, eine Erwiderung an Thiers, von Louis Blanc. — (Anonyme Übersetzung aus dem Französischen.)

Lippert & Co. (G. Pätz'sche Buchdr.), Naumburg a. S.

Inhaltsverzeichnis.

		Seite
Vorbemerkung		1— 4
I.	Die Epochen und Krisen der gesellschaftlichen und wirtschaftlichen Entwickelung	5—31
II.	Kapital und Arbeit	32—64
III.	Das Wahlrecht als Grundforderung der politischen und wirtschaftlichen Reform	65—67
IV.	Die Assoziation der Arbeiter	68—83
V.	Weitere Forderungen zur Erhaltung politischen und geistigen Fortschrittes	84—87
VI.	Schlußwort	88—90
VII.	Literaturverzeichnis (Grundstock zu einer Bibliographie über Lassalle)	91—93